나 혼자 만든다!

영화 추천 웹 서비스로 배우는 풀스택

파이썬, 리액트, 깃허브 액션에서
스타트업 개발자 성장 노하우까지

저자 소개

최규민

평범한 시골에서 초중고 시절을 보냈고, 서울대학교에서 통계학, 컴퓨터공학을 복수전공했다. 대학교 시절부터 스타트업에 빠져 각종 스타트업의 창업/기술자문 역으로 일해왔다. 현재는 뉴욕에 본사를 둔 뉴미디어 플랫폼 스타트업 '모멘티(Momenti)'에서 데이터 엔지니어로 재직 중이다.

대학에서 통계학을 전공했는데 우연한 기회에 미국에서 프로그래머로 일하시는 고모부에게 배운 프로그래밍에 관심을 갖게 되어 컴퓨터공학을 복수전공하고 첫 번째 스타트업을 창업하며 본격적으로 프로그래밍을 시작했다. 개발자와 스타트업에 관심이 많으며, 혼자서 오롯이 제품을 만들어낼 수 있는 개발자 10명이면 세상을 바꿀 수 있다고 믿는다. 더 많은 사람이 프로그래밍을 통해 시간을 절약하는 방법을 교육하는 코딩 교육 브랜드 '허슬코딩 아카데미'도 운영 중이다.

- **블로그:** https://choigyumin.pages.dev
- **유튜브:** 허슬코딩 아카데미 https://www.youtube.com/@hustlecoding

대학 졸업 이후부터 현재까지 커리어의 대부분을 초기 스타트업에서 쌓았습니다. 그렇다 보니 다양한 기술을 사용해서 주먹구구이더라도 무엇이든 '되도록 만들어야' 하는 상황이 많았습니다. 특히 사수가 있는 경우가 거의 없었기 때문에, 혼자 인터넷상의 레퍼런스를 찾아가며 시스템을 구축하는 경우가 많았습니다.

이러한 경험을 반추해보니, 작게나마 작동하는 서비스를 런칭하고 운영해본 개발자가 '초기 스타트업'에는 가장 적합하겠다는 생각이 들게 되었습니다. 프로젝트 규모가 조금만 커져도 설계, 트랜잭션 규모, DB, 서버 부하 등 신경 써야 할 요소가 기하급수적으로 늘어나서 개발자 한 명이 모든 것을 컨트롤하기 어렵지만, PMF(Product Market Fit)를 찾는 초기 스타트업의 경우에는 기술 하나하나의 복잡함보다는 완성도가 떨어지더라도 '온전히 작동하는' 서비스가 중요하기 때문입니다.

이 책은 IT 스타트업 CTO 및 기술 자문을 역임해 온 필자의 경험을 바탕으로 초기 서비스 구축에 드는 시행착오를 줄일 수 있도록 '온전히 작동하는' 서비스에 대한 가이드를 영화 추천 서비스를 예로 제작하였습니다. 특히, 초기 스타트업 혹은 창업에 관심이 있는 엔지니어라면, 작동하는 하나의 추천 서비스를 구축, 배포하는 과정을 아는 것은 매우 강력한 무기이자 포트폴리오가 될 것입니다. 이 책을 통해 필자가 겪었던 시행착오와 시간 낭비를 줄일 수 있게 돕는 것은 물론이고 효율적으로 온전한 서비스를 만드는 경험을 함께 나누고 싶습니다.

대상 독자

기본적인 프로그래밍에 대한 이해를 가지고 있는 사람을 대상으로 집필했습니다. 이 책은 온전한 서비스를 빠르고 효율적으로 구축하는 것에 그 목적을 두고 있기 때문에 본문에 나오는 여러 개념은 만드는 데 필요한 수준에서만 다루도록 하겠습니다.

또한, 추천 시스템의 측면에서 수많은 머신러닝 책은 수학적 개념과 수식에 집중하지만, 이 책은 수학적 내용은 최소화해서 전달하고자 큰 노력을 기울였습니다. 이 책에서 다루는 것은 추천 시스템의 원리나 기본적인 라이브러리의 작동 방식 등입니다. 만약 실제 추천 시스템의 성능을 개선한다거나, 알고리즘을 개선하는 등 머신러닝을 고도화하는 것을 기대한다면 이 책의 범위를 넘으므로 다른 자료를 통해 공부하기를 추천합니다.

여러분은 왜 이 책을 고르게 되셨나요? 제목에 있는 '풀스택', '추천 시스템' 등의 단어에 관심이 있을 것입니다. FastAPI, AWS, 리액트 등의 기술을 이용해서 포트폴리오를 만들고 싶은 학생, 풀스택 개발자가 목표인 주니어 개발자, 프로그래머로 취업하고자 하는 취업 준비생, 추천 시스템을 구축해보고자 하는 개발자 등 살아온 배경도 다양할 것입니다. 이 책의 목표는 '추천 시스템'이라는 머신러닝 기법이 포함된 동작하는 웹 서비스를 혼자 힘으로 데이터 처리, 프론트엔드, 백엔드, DevOps까지 해보는 경험을 공유하는 것입니다. 결과적으로 여러분은 https://dqflex.pages.dev와 같은 사이트를 혼자 힘으로 구축할 수 있게 될 것입니다. 여러분의 배경과 상관없이 이 목표를 달성하도록 하는 것이 제 목표입니다.

이 책의 구성

실제로 동작하는 웹 서비스를 구축하려면 서비스 기능을 담당하는 애플리케이션 개발 지식과 애플리케이션이 구동될 서버 인프라에 대한 지식이 필요합니다. 이 책은 두 가지 지식을 바탕으로 웹 서비스를 동작하도록 만드는 과정을 다루고 있습니다. 책 전반부에서는 FastAPI와 Implicit 라이브러리를 통해 데이터 전처리, 백엔드 로직, docker를 이용한 가상화, AWS EC2에 배포까지 백엔드 전반에 대해 학습하고, 후반부에서는 리액트를 이용해 웹 UI를 구성하고 백엔드 서버와 연결하여 실제 동작하는 웹 애플리케이션을 구축하는 방법을 학습합니다.

이 책은 크게 아래와 같이 네 부분으로 나눠집니다.

≫ 1장부터 4장까지는 개발 환경을 세팅하고, 백엔드에서 추천 결과를 얻어내는 API 서버를 구축합니다.

≫ 5장부터 7장까지는 docker를 이용한 가상화부터 AWS EC2 환경에 배포를 자동화하는 GitLab CI까지 DevOps와 관련된 요소를 다룹니다.

≫ 8장에서는 리액트를 이용해 웹 애플리케이션을 구축하고, 이를 배포하는 과정을 다룹니다.

≫ 9장에서는 스타트업에서 개발자로 살아남는 성장 노하우를 알려줍니다.

예제 소스 코드

≫ 프론트엔드: https://github.com/dq-hustlecoding/dqflex-example

≫ 백엔드: https://github.com/dq-hustlecoding/dqflex-api-example

이 책에서 사용된 모든 코드는 GitHub에서 다운로드하여 사용할 수 있습니다.

왜 풀스택인가?

한국의 개발자들 사이에서는 풀스택 개발자가 '유니콘'이라는 말이 유행할 정도로 풀스택 개발자가 희귀하다는 인식이 많습니다. 물론, 풀스택 개발자는 일반적인 프론트엔드/백엔드 개발자보다 절대적인 숫자 자체는 적을 수도 있습니다. 하지만 풀스택 개발자를 프론트엔드와 백엔드를 다 고수급으로 잘하는 게 아닌, 온전하게 작동하는 서비스를 혼자만의 힘으로 만들 수 있는 개발자라고 정의한다면 어떨까요? 그렇다면 생각보다 많은 개발자가 풀스택 개발자의 범주 안에 들어갈 것입니다. 그러면 왜 지금 풀스택 개발을 해야 할까요? Stack House의 COO인 Shane Sale의 아티클[1]을 발췌했습니다.

현대 소프트웨어 개발 프로세스는 빈번한 전환을 요구합니다.
Modern Software Development Process Demands Frequent Switching

현대의 웹 및 모바일 애플리케이션 개발 기술, 최종 사용자의 요구, 타사 서비스의 통합은 모든 수준에서 엄청난 복잡성을 가져왔습니다. 변화된 현대 개발 방법론은 항상 역할들 사이의 빈번한 전환을 요구합니다.
Modern web and mobile application development technologies, demands of end-users, and integration of 3rd party services have brought immense intricacies at all levels. Changed modern development methodologies always demand frequent switching between the roles.

각 전문가가 필요할 때마다 자유롭게 프로젝트에 참여할 수 있다면 좋겠지만, 현실적으로 불가능합니다. 장기 프로젝트 목록이 대기 중인 조직에서는 더더욱 불가능해지고 있습니다.

---

1. Shane Sale, "Reasons to hire a Fullstack Developer in a Startup Environment," LinkedIn, 2021년 3월 18일, https://www.linkedin.com/pulse/reasons-hire-fullstack-developer-startup-environment-shane-sale/

If we expect each specialist will free to attend the project whenever required, it is exceeding the expectation. It is nearly becoming impossible in an organisation where a long list of projects is in the queue.

이러한 상황에서 풀스택 개발자는 회사에 축복이 될 수 있습니다. 풀스택 개발자는 역할을 자주 전환할 수 있으며 기한 내에 프로젝트를 완료할 수 있습니다. 한 개발자가 백엔드 개발자 역할뿐만 아니라 프론트엔드 개발자 역할도 할 수 있다는 뜻입니다. 풀 스택 개발자는 좁은 영역에 대한 전문가를 찾아 헤매지 않고 다양한 기술의 통합을 해낼 수 있습니다.

In such circumstances, full stack developer or a team may prove a blessing for the company. Full stack developer can switch their roles frequently and can accomplish the project within the deadline. It means one developer can act as front-end developer as well as a back-end developer. Full stack developers can address needs for other tasks such as integration of various upcoming technologies without wandering for niche experts.

2020년대에 들어 한국의 기술 스타트업들이 외국 거대 자본으로부터 투자를 받는 등 바야흐로 대 스타트업의 시대라고도 불리는 정도가 되었습니다. 이런 상황에서 풀스택 개발자들의 수요가 더 늘어날 것임을 예측하는 것은 어떻게 보면 자연스러운 현상입니다. 특히 PMF(Product Market Fit)를 찾아야 하는 초기 스타트업의 경우에는 기술적으로 모든 가능성을 열어 두고 개발에 최소한의 시간을 들여야 고객의 피드백을 듣고 전환을 빠르게 할 수 있기 때문에, 풀스택 개발자를 찾는 창업가들이 점점 늘어날 것입니다. 꼭 스타트업에서 일하는 개발자가 아니라고 해도 개발자가 제품 전반의 기술 흐름에 대해 이해하는 것은 중요합니다. 백엔드 서버 개발자가 프론트엔드 렌더링에 관련된 이슈나, 데이터 Fetching에 관련된 지연 시간 등을 이해한다면 서버를 더 효율적으로 활용하는 아이디어가 생길 수 있습니다. 그 반대의 경우도 마찬가지입니다.

이 책을 읽는다고 "나 이제 풀스택 개발자야"라고 말할 수 있게 되지는 않습니다. 다만, 하나의 예시 프로젝트를 통해 코드 작성부터 배포까지 어떤 단계를 통해 이루어지는지, 프론트엔드는 어떤 부분을 생각해야 하는지 등에 대해서 생각할 기회를 얻게 되고, 더 나아가 토이 프로젝트를 어떻게 시작할지에 대한 막막함을 없앨 수 있습니다. 이 책을 통해 실제로 작동하는 웹 서비스를 혼자 힘으로 구축할 수 있는 능력과 함께 풀스택 개발자의 길로 한 걸음 나아가는 계기가 되길 바랍니다.

좋은 개발자들은 다릅니다. 수십 년간 수많은 개발자들과 함께 일하며 지켜본 결과, 좋은 개발자들의 공통점은 연습과 실패를 통한 지속적인 학습(Continuously Learning by Practice & Failure)인 것 같습니다. 좋은 개발자들은 특히 연습을 효율적으로 하고 실패를 똑똑하게 합니다. 그것도 아주 빠르게.

이 책의 저자는 국내의 여러 좋은 개발자들 사이에서 인정받는 천재형 개발자이며 데이터 과학자입니다. 이 책은 저자가 국내외 기업에서 직접 경험한 빠르고도 효율적인 풀스택 개발 연습 방법을 담은 책입니다. 앞으로 광범위한 분야에서 꼭 필요한 추천 서비스를 연습 주제로 삼은 것과 좋은 개발자로 살아남는 방법, 좋은 스타트업 찾는 방법 등의 노하우를 공유한 것은 저자가 좋은 개발자로서 경험적 철학을 보여준다고 할 수 있습니다.

좋은 개발자로 더 성장하길 원하는 모든 개발자에게 이 책을 강력히 추천합니다.

이진욱_모멘티 코리아 부사장, 前 삼성전자 임원

세상에 코딩과 관련된 책은 너무도 많습니다. 그런데 개발자가 본인의 경험적 노하우를 아낌없이 풀어내는 책은 흔치 않습니다. 또한 세상에 많은 코딩 책은 코딩의 문법을 알려주기 바빠서, 정작 해당 코드가 어떤 상황에서 어떻게 활용되는지에 대한 실제 현장의 이야기는 없습니다. 이 책은 데이터를 가공해서 추천 엔진을 만들고, 추천 엔진의 결과를 배포하기까지 정말 어려운 과정을 너무도 쉽게 풀어내고 있습니다. 또한 그 안에는 좋은 개발자로 성장하는 비밀까지 담겨 있습니다.

이 책의 저자는 개발자들의 커뮤니티에서 알아주는 핵인싸입니다. 그가 쓴 첫 책은 그저 제한된 개발 영역에 머물러 있는 많은 이들에게 실력 있는 개발자로 한 단계 빠르게 업그레이드할 수 있는 지름길을 제시해줄 것입니다.

차경진_한양대학교 경영학부 교수, 《데이터로 경험을 디자인하라》 저자

최근 들어 점차 애플리케이션이 단순히 서비스를 제공하기보다는, 개인화라는 측면에서 편의성을 제공하고 있습니다. 사용자에게 추천 서비스를 제공하기 위해 프론트엔드, 백엔드, 데이터 엔지니어링, MLops 등 다양한 직군이 노력하여 사용자들의 유의미한 행동들을 분석하며, 사용자의 니즈를 예측하고, 이를 토대로 나온 결과를 애플리케이션에 반영하여 사용자가 원하는 UX를 얻을 수 있도록 개발하고 있습니다.

이 책은 전반적으로 어떻게 추천 시스템이 만들어지는가에 대해서 저술하고 있습니다. 흐름대로 따라서 작업을 하다 보면 프론트엔드, 백엔드, 데이터 엔지니어 등 각각의 영역이 서비스 개발에 어떠한 역할을 하는지, 어떻게 추천 시스템이 만들어지는지 확인할 수 있습니다.

추천 시스템이 어떻게 만들어지는지 막연한 궁금증을 갖고 있거나, 하나의 서비스가 만들어지기까지의 과정을 경험해 보고 싶은 분들에게 이 책은 여러분의 목표를 달성할 수 있는 훌륭한 매개체가 되어줄 것입니다.

이근환_NAVER Z 소프트웨어 엔지니어

이 책을 읽으며 따라가다 보면, 눈 깜짝할 사이에 하나의 웹 서비스를 완성한 내 모습을 발견할 수 있습니다. '처음이 가장 중요하다'고 생각하는데, 웹 서비스 개발이 궁금하거나 이제 막 시작하려는 모든 사람에게 이 책과 함께 시작하기를 추천하고 싶습니다.

현직 종사자로서 이 책을 읽다 보면, '이런 부분도 있구나?' 싶은 정도로 실제 웹 서비스 개발에서 진행하는 모든 단계가 담겨 있습니다. 그래서 웹 서비스 개발자가 목표인 분들은 전체적인 개발 흐름과 흐름별 역할을 파악하는 데 많은 도움이 될 것 같습니다. 또한 이 경험이 '데이터 처리', '백엔드', '프론트엔드', 'DevOps' 등 여러 분야 가운데 흥미 있는 분야에 대해 찾아보는 기회가 되었으면 좋겠습니다.

이 책은 쉽게 따라 할 수 있도록 자세하게 설명되어 있습니다. 책을 옆에 펼쳐 두고 바로바로 컴퓨터로 실습하기에 어렵지 않고 재미있습니다. 전문 용어 및 단어들도 최대한 쉽게 풀이되어 있어서 꼭 웹 서비스 개발자를 목표로 하는 사람이 아니더라도 업무상의 이유로 개발 용어 및 대략적인 업무를 파악하고 싶은 기획자, 새로운 사업을 준비하는 예비 사업가 등 모든 분에게 많은 도움이 되겠다고 생각합니다.

이 책을 시작하는 목적은 다 다르겠지만, 마지막에는 분명 웹 서비스 개발의 전반적인 흐름을 파악하고, 하나의 웹 서비스를 만들었다는 자신감과 함께 기대한 목적을 달성할 수 있을 겁니다.

윤동희_NAVER 소프트웨어 엔지니어

이 책은 애플리케이션 개발의 처음과 끝을 한눈에 보여줍니다. 특히 이해하기 쉬운 예제를 사용하지만 추천 시스템부터 서비스 배포 과정의 최신 트렌드까지 놓치지 않는 점이 인상적입니다. AI가 활용된 웹 개발은 향후 더 큰 발전을 이룰 것으로 생각합니다. 추천 시스템을 통한 개인 맞춤형 시스템은 이미 중요한 위치를 차지하고 있습니다. 풀스택 개발에 관심 있는 독자뿐 아니라 최근 웹 개발의 흐름을 이해하고 싶은 독자에게 이 책을 추천하고 싶습니다.

강병수_삼성전기 AI 개발부서 책임연구원

"시작이 반이다"라는 말이 있습니다. 많은 사람이 웹 애플리케이션에 관심을 가지고 만들어 보고 싶어하고 코딩에 입문해 프로그래밍을 해보지만, 막상 독립적인 애플리케이션 개발에는 성공하지 못하고 포기하는 경우가 많습니다. 수많은 걸림돌이 있지만, 현대의 앱 구조와 프레임워크가 탄생한 배경과 관련 지식이 너무 많기에 다들 벽을 느끼는 것이 아닌가 싶습니다.

이 책은 데이터 기반 애플리케이션 개발을 '시작'할 수 있게 도와주는 매우 효율적인 책입니다. 최대한 배경지식과 내부 구현을 배제하고, 순수하게 '시작'하기 위한 최소한의 경험을 선사해줍니다.

아직 제대로 된 프로젝트 경험이 없는 입문 개발자들에게도 좋고, IT 업계에서 개발자들과 일하고 있지만 애플리케이션 개발을 한 번도 들여다보지 못한 PM, 디자이너 등 다른 직군에 종사하시는 분들에게도 강력하게 추천하고 싶습니다. 그동안 건너 들었던 파편화된 개발 용어들이 경험의 일부로 자리잡힐 것입니다.

처음으로 책을 집필한 내 친구 저자에게도, 이 책을 읽는 모두에게도 찬란한 시작이 함께하기를 바랍니다.

사세영_Flex 소프트웨어 엔지니어

처음 접하는 분야를 학습할 때 무엇을 공부해야 하는지조차 알기 어려울 때가 가장 힘듭니다. 하지만 프론트엔드, 백엔드, DevOps, 데이터 엔지니어 등 세세하게 직군이 나누어지는 최근 트렌드에서 하나의 서비스를 온전히 경험하기는 쉽지 않습니다.

저자는 스타트업에서의 다양한 경험을 바탕으로 하나의 서비스를 개발하기 위해 알아야 할 기본 지식과 함께 앞으로 더 나아가기 위해 필요한 방향성을 제시해주고 있습니다.

이 책은 비슷한 고민을 하고 있을 개발자의 입장에서 쓰였기 때문에 기본적인 부분부터 상세하게 과정을 안내하고 있습니다. 따라서 아직 전체적인 시스템 구축을 경험해보지 못한 개발자에게 큰 도움이 될 것입니다.

이 책이 서비스 개발을 시작하는 분들에게 길잡이가 되기를 바랍니다.

김영재_하이퍼커넥트 소프트웨어 엔지니어

이 책을 따라 공부하면서 2~3일 만에 온전한 웹 사이트를 만들 수 있었습니다. 데이터 전처리, API 구축, AWS 설정, 배포하는 법 등 하나하나 자세하게 알려주어 백엔드에 대한 지식도 빠르게 얻을 수 있었습니다. 이 책은 개발 방법을 알려주고 그냥 넘어가는 것이 아니라 잘 만들어졌는지 확인하고, 예상과 다른 화면이 나왔을 때 어떻게 대처해야 하는지도 알려줍니다. 정말 간단하고 빠르게 웹 사이트를 만들어 보면서 구조를 파악해보고 싶은 분들에게 이 책을 적극적으로 추천해드리고 싶습니다.

김지민_소프트웨어학과 대학생

이 책은 한창 개발을 공부하고 있는 분들과 인공지능 분야에 입문하시는 분들에게 모두 도움이 될 수 있는 책이라고 생각합니다. 처음부터 끝까지 하나의 작은 서비스를 만들고, 배포하는 과정을 모두 담아내고 있기 때문입니다. 특히, FastAPI와 리액트, AWS, GitHub, GitLab, docker 등 다양한 분야에서 사용되는 인기 있는 기술들을 조금씩 체험해볼 기회를 가질 수 있다는 것은 무척이나 매력적인 부분입니다. 간단한 형태의 추천 모델을 학습시키고, 이를 탑재한 웹 서비스를 배포해보는 것 역시 요즘 트렌드에 부응하는 흥미로운 경험이 될 것 같습니다.

김재훈_한양대 인공지능대학원 석사 과정

개발 초기에는 웹 서비스를 개발한 후에 어떻게 배포해야 실제로 사용될 수 있는지 잘 모르는 경우가 많습니다. 대부분 개발 관련 서적은 로컬에서 전반적인 웹 서비스를 개발할 때 너무 많은 기능을 다루고 배포까지는 해보지 못합니다.

이 책은 개발에 필요한 전반적인 부분을 간단하게 배울 수 있고, 웹 서비스를 실제로 배포해 볼 수 있습니다. 요즘 많이 사용하는 리액트, FastAPI, AWS로 실습해 볼 수 있고 하나의 프로젝트를 빠르게 구현하는 방법도 배울 수 있습니다. 더 체계적인 프로젝트를 만들어가는 데 도움을 받고 싶은 분들에게 이 책을 추천해드립니다.

곤_스타트업 풀스택 개발자

이 책은 파이썬을 활용하여 서버를 구성하고, 간단한 머신러닝 기법으로 데이터들을 어떻게 전처리하여 리액트 프로젝트에 렌더링할 수 있는지 손쉽게 배울 수 있는 책입니다. Git을 통한 버전 관리 방법과 빌드 자동화 과정을 학습해 보면서 앞서 만들었던 서비스들을 이후에 어떻게 운영할지를 배울 수 있습니다. 영화 추천 서비스 예제를 구현해 보면서 서비스 배포라는 막연하고 어렵게 느껴졌던 주제에 대해 자신감을 가질 수 있었고 다른 사이드 프로젝트로 확장해 보고 싶은 의지도 생겼습니다. 또한, '개발자로 살아남기'라는 주제로 주니어 개발자들에게 남기는 조언도 많은 도움이 되었습니다.

데이터 전처리, API 빌드, 버전 관리와 클라우드 환경에서 배포 및 운영 사이클을 경험해 보고 싶은 분들과 사이드 프로젝트를 준비하고 계시는 분들에게 이 책을 추천합니다.

이호섭_스타트업 프론트엔드 개발자

최근 많은 기업이 머신러닝/딥러닝 알고리즘만 돌려본 사람이 아닌 모델 배포까지 해본 사람을 원하고 있습니다. 하지만 시중 대부분 책은 알고리즘 설명만 나와 있는 경우가 많아서 아쉬운 점이 많았습니다.

이 책은 알고리즘에 대한 비중은 작지만, 프로젝트를 시작할 때 어떤 식으로 환경을 설정하고 모델을 배포해야 할지를 자세히 설명해서 좋았습니다. 이 책을 참고서 삼아 모델 서빙까지 아우르는 개인 프로젝트를 진행해 볼 계획입니다.

김현우_페이스북 추천시스템 코리아 커뮤니티 운영진

요즘 많이 사용하는 기술들의 한 사이클을 경험할 수 있는 좋은 책입니다. 웹 서비스 개발에 필요한 여러 기술을 어떻게 효율적으로 배포 및 관리할 수 있는지 잘 설명되어 있습니다. 좋은 개발자로 발전할 수 있는 방법을 전하는 마지막 장은 저자의 진심 어린 조언이 담겼다고 느꼈습니다.

박지연_소프트웨어 개발자

목차

0장

전체 프로젝트 구조

0장 / 전체 프로젝트 구조

본격적으로 프로젝트를 시작하기 전에 어떤 서비스를 만들지, 어떤 기술 스택을 활용해서 구축할지에 대한 구조도를 그려봅시다. 혼자서 프로젝트를 진행할 때는 이런 방식으로 계획하는 습관을 들이는 것이 좋습니다. 파트를 나누어 작은 프로젝트 단위로 쪼갤 수 있으며, 누가 일하라고 시키는 것이 아니기 때문에 프로젝트 기간이 한없이 늘어질 가능성을 방지할 수도 있습니다. 필자는 https://draw.io/ 사이트를 이용해 구조도를 그렸지만 정해진 규격은 없습니다. 참고로 구조도는 AWS Summit, Naver DEVIEW와 같은 테크 컨퍼런스의 연사들이 발표하는 슬라이드 내에 자주 보이므로, 참고해서 본인이 이해하기 쉬운 형태로 작성하는 것이 좋습니다.

아래 그림 0-1은 이 책에서 만들 영화 추천 웹 서비스 DQFLEX의 구조도입니다.

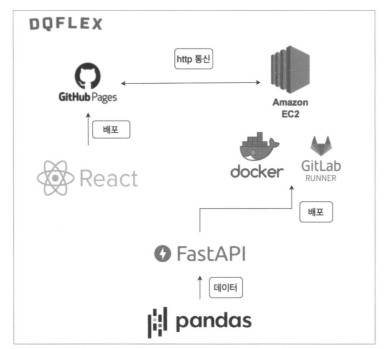

[그림 0-1] DQFLEX 전체 구조도

이렇게 구조도를 작성하고 나면, 어떤 부분을 먼저 작업할지 순서를 정할 수 있게 됩니다. 이 책에서는 다음과 같은 순서로 작업할 것입니다.

1. pandas를 이용하여 데이터를 DQFLEX에서 쓸 수 있는 형태로 전처리
2. FastAPI를 이용해 API 설계 및 구축 작업, local 환경에서의 결과 확인
3. AWS EC2 설정, EC2 위에 docker와 GitLab runner 설치
4. docker로 가상화 작업, GitLab runner로 배포 자동화
5. 리액트 프론트엔드 작업(http 통신이 잘 되는지 확인)
6. GitHub Pages로 배포

이렇게 미리 계획을 세워 두고 작업을 하게 되면 중간 정도 작업했을 때, 어디까지 작업이 완료됐는지 한 눈에 보기도 좋고, 일정이 늘어지게 되면 자기 자신을 채찍질하게 되는 효과도 있습니다.

다음으로 완성된 DQFLEX의 핵심 기능을 나열해보겠습니다. 이를 통해 필요한 데이터의 형태, API의 종류 등을 미리 생각해볼 수 있습니다.

1. 유저의 평점에 따른 추천 결과 (Recommend For You)

그림 0-2와 같이 유저가 영화에 대한 평점을 매길 때마다 그에 맞는 추천 결과를 보여줍니다. 예를 들어 영화 '매트릭스'에 좋은 평점을 준 유저 중 대부분이 영화 '스타워즈'에도 좋은 평점을 주었다면, '매트릭스'에 좋은 평점을 준 유저에게 영화 '스타워즈'를 추천하는 방식입니다. 이러한 방식을 Collaborative Filtering 방식의 추천 시스템이라고 합니다.

[그림 0-2] Recommend For You

2. 전체 영화 랜덤 탐색 (DQ's Pick)

따로 검색 기능을 만들지 않으므로 영화를 탐색할 수 있도록 전체 영화에 대해서 랜덤하게 출력해 주는 것이 필요합니다. DQ's Pick이라고 이름 붙이면 그럴 듯 하겠죠. 그림 0-3과 같이 페이지를 새로고침 할 때마다 새로운 영화 목록이 보이도록 구성합니다.

[그림 0-3] DQ's Pick

3. 장르별 영화

영화를 탐색하기 편하도록 장르별로 영화를 출력하는 부분이 필요합니다. 아래 그림과 같이
Action 장르, Comedy 장르 등 특정 장르의 영화 목록이 보이도록 구성합니다.

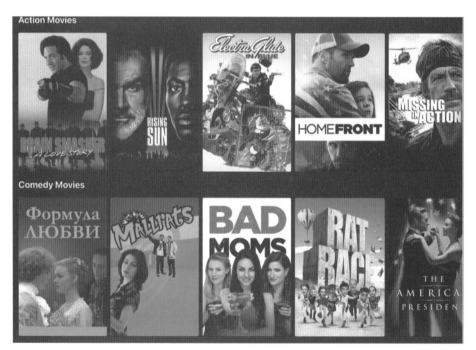

[그림 0-4] 장르별 영화

4. 영화 상세 화면

영화 포스터를 클릭하면 영화의 디테일한 정보와 평점을 매길 수 있는 상세 화면이 팝업창으로 나
타나게 됩니다. 그림 0-5와 같이 포스터, 장르, 제목, 평점 등이 보이도록 구성합니다. 이 곳에서 평
점을 매기는 것이 메인 화면에 있는 Recommend For You 부분을 변화시키게 됩니다.

[그림 0-5] 영화 상세 화면

5. 영화별 추천 (You may also like)

사용자가 영화를 클릭하여 영화 상세 화면이 나타났을 때, 그 영화에 기반한 영화 추천을 보여줍니다. CF(Collaborative Filtering) 기반의 추천 시스템에서는 사용자 기반의 추천 결과를 뽑아줄 수도 있지만, 아이템 기반의 추천 결과를 뽑아줄 수도 있기 때문에 한 번 추천 시스템을 학습시켜 두면 두 가지 방법으로 활용할 수 있습니다. 이러한 방식을 사용하면 유저의 플랫폼 체류 시간이 늘어날 것을 기대할 수 있습니다.

[그림 0-6] 영화별 추천

그럼 본격적으로 영화 추천 서비스 프로젝트를 시작해봅시다!

1장

파이썬 프로젝트
개발 환경
설정하기

1장 / 파이썬 프로젝트 개발 환경 설정하기

1.1. VS Code 소개

DQFLEX 프로젝트를 만들기 위한 첫 단계로 개발 환경을 구성해봅시다. 이 장에서는 VS Code라는 IDE(통합 개발 환경)를 설치하고 파이썬 환경 설정에 대해 알아봅니다. 물론 VS Code가 아닌 다른 개발도구(PyCharm 등)를 이용해도 DQFLEX를 만드는 데에는 문제가 없습니다.

비주얼 스튜디오 코드(Visual Studio Code)는 마이크로소프트가 Windows, Mac OS, Linux용으로 개발한 소스 코드 편집기로 점유율이 50%에 육박합니다. 디버깅 지원과 Git 제어, 구문 강조와 같은 다양한 기능이 포함되어 있으며, 사용자가 편집기의 테마와 단축키, 설정 등을 수정할 수 있습니다.[1]

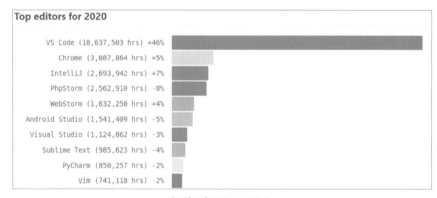

[그림 1-1] VS Code 점유율

1.2. VS Code 설치하기

VS Code는 비주얼 스튜디오 코드 공식 홈페이지에서 다운로드 후 설치할 수 있습니다. 공식 홈페이지 링크는 다음과 같습니다.

- https://code.visualstudio.com/#alt-downloads

---

1. https://ko.wikipedia.org/wiki/비주얼_스튜디오_코드

본인의 운영체제에 맞게 선택하여 다운로드합니다. 다운로드된 파일을 실행하여 설치를 진행합니다.

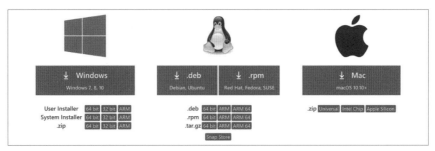

[그림 1-2] VS Code 운영체제별 다운로드

설치 파일을 실행하면 다음과 같은 창이 나타납니다. 사용권 계약에 '동의합니다'를 선택하고 설치를 계속합니다.

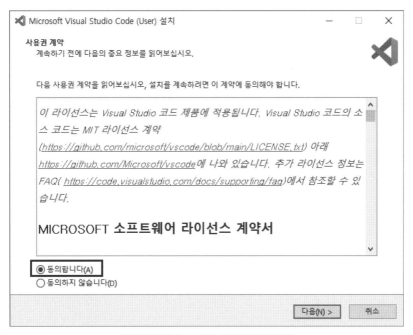

[그림 1-3] VS Code 설치 - '동의합니다'를 선택

다음으로 프로그램이 설치될 위치를 지정합니다. 대부분의 경우, 기본으로 설정되어 있는 폴더에 설치되는 것이 좋습니다. 특별히 원하는 폴더 위치가 있는 것이 아니라면 '다음'을 선택해서 다음 단계로 넘어갑니다.

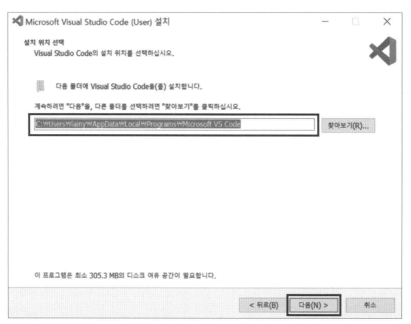

[그림 1-4] VS Code 설치 - 설치될 위치를 지정

마찬가지로 '다음' 버튼을 클릭합니다.

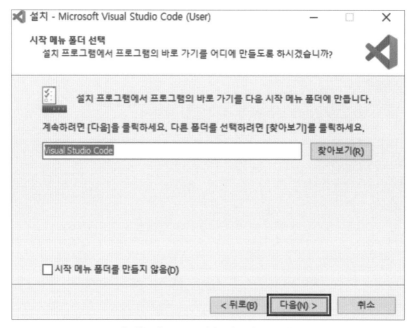

[그림 1-5] VS Code 설치 - '다음' 버튼을 클릭

추가 작업을 선택할지 물어보는 창이 나옵니다. 그림 1-6과 같이 4개를 선택한 후 '다음' 버튼을 클릭합니다.

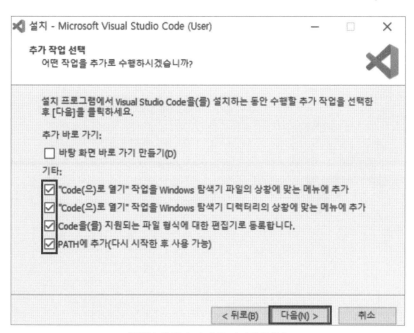

[그림 1-6] VS Code 설치 - 추가 작업 선택

다음 화면에서 '설치' 버튼을 클릭하여 설치를 시작합니다.

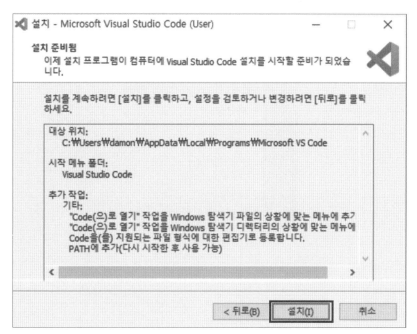

[그림 1-7] VS Code 설치 - '설치' 버튼을 클릭

'마침'을 누르면 설치가 완료됩니다.

[그림 1-8] VS Code 설치 - '마침' 버튼을 클릭하여 설치 종료

다음으로, VS Code에서 파이썬을 사용하기 편리하도록 관련 확장(extension) 프로그램을 설치합니다. VS Code를 실행한 후 왼쪽 상단의 Extensions 탭을 클릭합니다.

[그림 1-9] VS Code Extensions 탭 선택

Extensions 탭에서 python으로 검색하면 나오는 결과 중 가장 상단에 있는 퍼블리셔가 Microsoft인 파이썬을 설치합니다.

[그림 1-10] Python Extension 검색 결과

[그림 1-11] Python Extension 설치

그 밖에도 파이썬 개발 시에 도움이 되는 Extension들을 모은 패키지는 다음과 같습니다. 필요하다면 설치합니다.

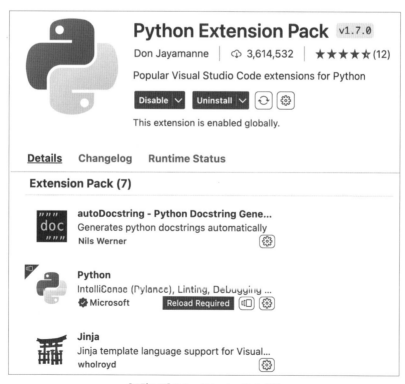

[그림 1-12] Python Extension Pack 상세

1.3. 파이썬 설치하기

파이썬은 프로그래머인 귀도 반 로섬이 1991년 발표한 고급 프로그래밍 언어로, 플랫폼에 독립적이며 인터프리터식, 객체지향적, 동적 타이핑(dynamically typed) 대화형 언어입니다. [2]

파이썬을 설치할 때는 본인의 운영체제에 맞게 설치하면 됩니다. 아래는 Mac과 Windows 운영체제의 파이썬 설치 방법입니다.

Mac OS에서 파이썬 설치하기

Mac OS는 기본적으로 파이썬을 제공하지만 Python 2가 설치되어 있기 때문에 Python 3을 기본으로 사용하려면 다음과 같이 설정해야 합니다.

공식 홈페이지에서 설치 패키지를 다운로드 받아 설치할 수도 있지만, 이 책에서는 Mac용 패키지 관리자인 Homebrew(https://brew.sh/)를 이용해서 설치하겠습니다. Homebrew를 설치하기 위해서 터미널을 켜고, 다음 명령어를 입력합니다.

```
$ /bin/bash -c "$(curl -fsSL https://raw.githubusercontent.com/Homebrew/install/master/install.sh)"
```

추가적으로 Path 설정이 필요합니다. 이는 컴퓨터에서 파이썬의 위치를 알 수 있도록 알려주는 과정입니다. ~/.profile(혹은 ~/.zshrc) 파일의 마지막 줄에 아래 명령어를 추가합니다.

```
export PATH="/usr/local/opt/python/libexec/bin:$PATH"
```

이후, Python 3을 설치합니다. 터미널에 아래 명령어를 입력하면 됩니다.

```
$ brew install python
```

Python 3이 제대로 설치되었는지 보려면 아래 명령어를 입력해서 확인합니다.

```
$ python --version
```

Python 3.x.x과 같이 나오면 성공입니다!

---

2. https://ko.wikipedia.org/wiki/파이썬

Windows에서 파이썬 설치하기 (Windows 10 이상)

먼저 명령 프롬프트를 관리자 권한으로 실행합니다(시작 버튼을 누른 뒤 cmd를 입력하여 검색).

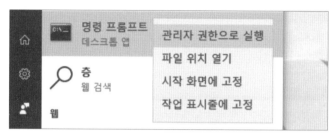

[그림 1-13] 파이썬 설치(Windows) - 명령 프롬프트 실행

명령 프롬프트 창이 나타나면 python을 입력합니다.

```
C:\Windows\system32\cmd.exe

Microsoft Windows [Version 10.0.18362.30]
(c) 2019 Microsoft Corporation. All rights reserved.

C:\Users\vamsi>python_
```

[그림 1-14] 파이썬 설치(Windows) - 명령 입력

Windows 10 v1903 이상의 버전에서는 Microsoft Store가 실행될 것입니다. Get 버튼을 클릭하여 설치합니다(참고로 버전은 Python 3.9 이상이면 어떤 버전이든 상관 없습니다).

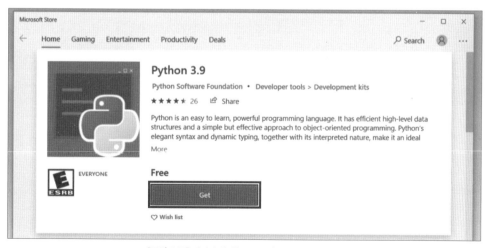

[그림 1-15] 파이썬 설치(Windows) - Microsoft Store

Windows 10 v1902 이하의 버전에서는 "명령을 인식할 수 없습니다"라는 오류가 발생합니다. 이 경우, 수동으로 다운로드 및 설치를 진행해야 합니다.

우선 파이썬 공식 홈페이지의 다운로드 페이지(https://www.python.org/downloads/windows/)에서 Windows용 파이썬 패키지를 다운로드합니다. 다음 화면에서 Python 3.9(혹은 그 이상) 버전의 링크를 클릭하면 인스톨러를 다운로드할 수 있습니다.

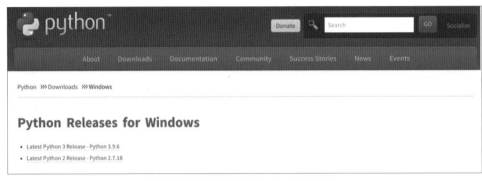

[그림 1-16] 파이썬 설치(Windows) - 공식 홈페이지

다운로드한 인스톨러를 실행하면 아래와 같은 화면이 나타납니다. Add Python 3.9 to PATH를 반드시 선택한 후, Install Now를 클릭합니다.

[그림 1-17] 파이썬 설치(Windows) - Install Now 선택

설치가 완료되면 시작 메뉴에서 파이썬 프로그램을 확인할 수 있습니다.

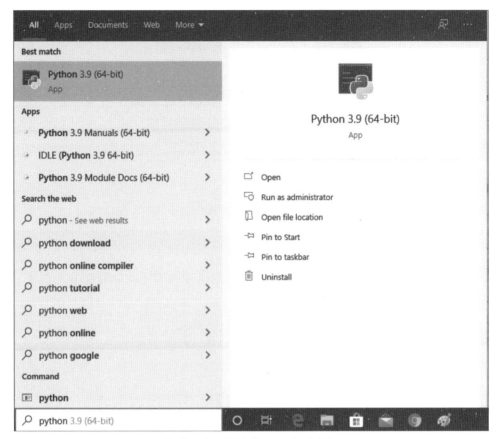

[그림 1-18] 파이썬 설치(Windows) - 설치 완료

1.4. 파이썬 가상 환경 생성하기

venv는 가상 환경을 생성하고 관리하는 파이썬 패키지로, Python 3.3부터는 기본으로 설치되는 패키지입니다. 파이썬 프로젝트를 여러 개 진행하다 보면 프로젝트마다 필요한 패키지들의 버전 의존성 문제로 실행이 안 되는 경우들도 있고, 사용하지 않는 패키지를 프로젝트에 따라 분리하는 전략이 필요하기도 합니다. 이를 가능하게 해주는 것이 가상 환경입니다.

먼저, 작업할 폴더를 하나 만들고 VS Code에서 Open Folder 메뉴를 통해 열어줍니다.

폴더 이름은 fullstack-api라고 입력하겠습니다.

[그림 1-19] VS Code Explorer 탭

터미널을 실행하고 가상 환경을 생성하기 위해서 다음 명령어를 입력합니다.

```
$ cd fullstack-api && python -m venv venv
```

왼쪽의 Explorer 메뉴를 보면 venv라는 이름의 폴더가 생성된 것을 확인할 수 있습니다.

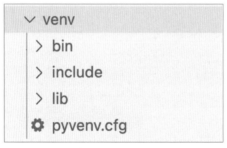

[그림 1-20] venv 폴더 구조

View 메뉴의 커맨드 팔레트 메뉴를 클릭한 후, 나오는 팝업창에서 Python: Select Interpreter를 찾아서 선택합니다. 1.2절에서 설명한 Python extension을 설치해야 나오는 메뉴이니, 만약 나오지 않는 경우에는 Python extension이 제대로 설치되었는지 확인한 후, VS Code를 재시작하면 됩니다.

[그림 1-21] Python Interpreter 선택

Python: Select Interpreter를 선택하면 사용할 수 있는 Python interpreter 목록이 나옵니다. 여기서 ('venv': venv)가 포함된 interpreter를 선택합니다. 이제 위에서 생성한 파이썬 가상 환경을 사용할 수 있게 되었습니다.

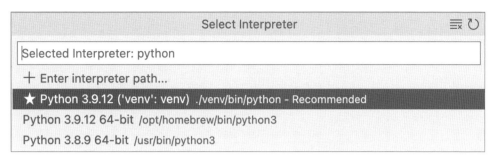

[그림 1-22] venv가 포함된 Python interpreter 선택

1.5. GitLab repo 생성 및 연결하기

요즘 IT회사에서는 기본적으로 Git을 사용해서 버전 관리를 하고, 채용 요건에도 Git을 이용한 버전 관리 경험 여부는 빠지지 않는 항목이 되었습니다. Git의 원격 저장소로 사용할 수 있는 서비스는 대표적으로 GitHub와 GitLab이 있는데, GitHub는 그 전에도 1위의 자리를 지키고 있었지만 마이크로소프트가 인수하면서 1위의 자리를 더욱 공고히 가져가게 된 서비스입니다. GitLab의 경우, GitHub에서 유료로 제공하는 여러 기능들을 무료로 제공하며 2위의 자리를 지키고 있고 초기 스타트업에서 비용 절감을 위해 많이 사용하는 서비스입니다.

이 책의 프로젝트에서는 백엔드 CI 자동화를 위해서 gitlab-runner를 AWS EC2에 설치해서 사용할 것이고, 프론트엔드 배포를 위해 GitHub Pages를 사용할 것입니다. 추천하는 다른 서비스로는 gitlab-runner를 대체할 GitHub Action과 GitHub Pages를 대체할 Cloudflare Pages가 있습니다.

백엔드 부분의 코드와 GitLab을 먼저 연동해봅시다. local 코드를 Git 리포지토리(repository)에 연동하는 방법을 알고 있다면 이 절은 넘어가도 좋습니다.

먼저 https://gitlab.com/에서 회원가입을 진행합니다. 이미 GitLab 계정이 있다면 바로 로그인하면 됩니다. 그다음 GitLab 리포지토리 생성을 해봅시다.

[그림 1-23] GitLab의 New Project 버튼 클릭

다음 그림 1-24와 같은 화면에서 Create blank project를 선택합니다.

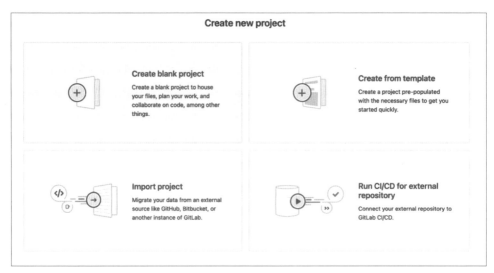

[그림 1-24] GitLab 새 프로젝트 생성

Project name에 원하는 프로젝트 이름을 적고, Project Configuration에 Initialize repository with a README 옵션은 체크 해제한 후, Create project 버튼을 눌러 리포지토리를 생성합니다.

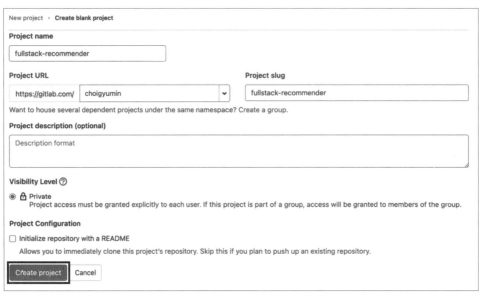

[그림 1-25] 새 프로젝트 생성

그 후 리포지토리 상세 화면으로 이동이 되면 주소창의 주소를 복사합니다. 주소는 아래와 같은 형태입니다.

- https://gitlab.com/GitLab아이디/GitLab프로젝트이름

필자의 경우에는 https://gitlab.com/choigyumin/fullstack-recommender가 되었습니다.

이 주소 뒤에 .git만 붙여서

- https://gitlab.com/GitLab아이디/GitLab프로젝트이름.git

으로 만들어주면, Git 리포지토리 원격 저장소의 주소가 됩니다.

혹은 Clone 버튼을 누르고, Clone with HTTPS 옵션에서 복사해도 만들어지는 주소는 동일합니다.

[그림 1-26] GitLab 리포지토리 주소를 복사

리포지토리를 만드는 데에 성공했다면, access token을 생성해봅시다. 보안 이슈로 인해 Git 리포지토리들이 패스워드(password)로 인증하는 기존 방식에서 토큰(token) 인증 방식으로 유도하고 있는 추세입니다. 이 책에서는 token 방식으로 GitLab을 이용해보겠습니다. 우측 상단의 프로필 사진을 누르고, Preferences 메뉴를 선택합니다.

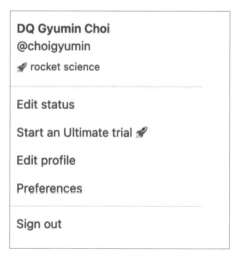

[그림 1-27] GitLab의 프로필에서 preferences 메뉴 선택

그다음 왼쪽 메뉴에서 Access Tokens 메뉴를 선택합니다.

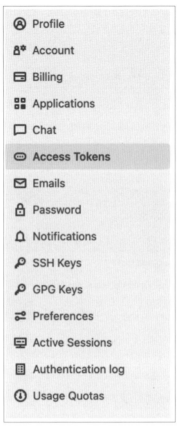

[그림 1-28] Access Tokens 메뉴 선택

그리고 Access token을 생성합니다. Token name은 어떤 것으로 해도 무방합니다. Expiration date는 원하는 기간까지 설정해주면 됩니다. Select scopes는 전부 선택합니다. 각 항목의 의미는 다음과 같습니다.

> api: 모든 그룹, 프로젝트 등에 대한 읽기/쓰기 권한 부여
> read_user: 유저 정보를 읽을 수 있는 권한 부여
> read_api: 모든 그룹, 프로젝트 등에 대한 읽기 권한 부여
> read_repository: 리포지토리를 읽을 수 있는 권한 부여
> write_repository: 리포지토리에 대한 읽기/쓰기 권한 부여
> read_registry: 레지스트리 이미지에 대한 읽기 권한 부여
> write_registry: 레지스트리 이미지에 대한 쓰기 권한 부여

화면 하단의 Create personal access token 버튼을 누르면 토큰이 생성됩니다.

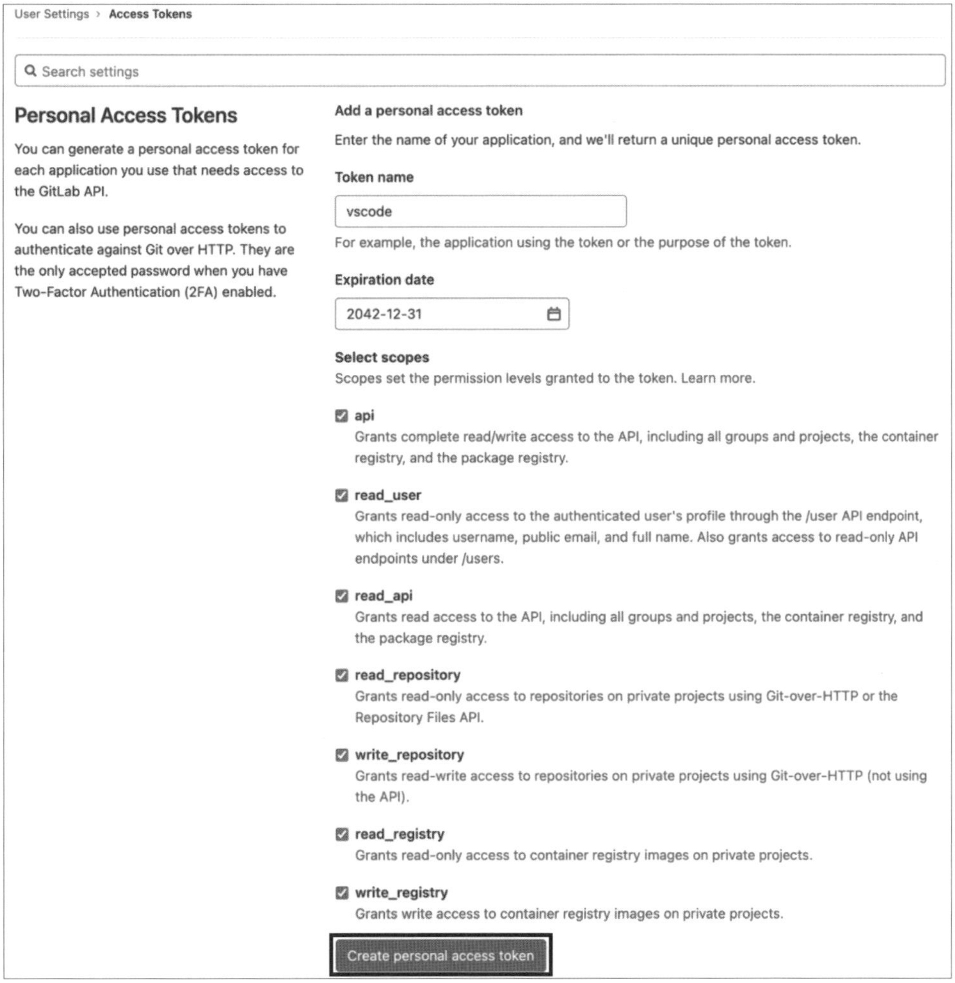

[그림 1-29] access token 생성 화면

아래 그림에서 Your new personal access token이라는 부분이 생성한 access token입니다.

access token은 잊어버리기 쉬우므로 새로고침 하시 말고 꼭 이 부분을 복사하여 따로 저장해두면 좋습니다. 그리고 토큰은 보안과 관련되어 있기 때문에 다른 사람들에게 공유하지 말고 자신만 알고 있도록 합니다.

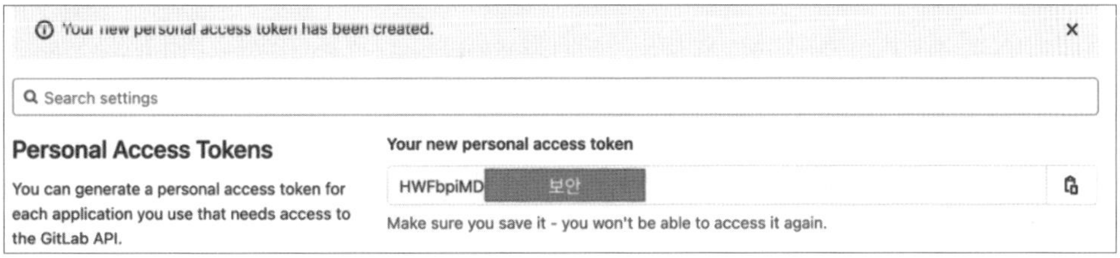

[그림 1-30] access token 생성 시 화면

VS Code 화면으로 이동합니다. VS Code의 터미널을 열어줍니다. Python Extension을 설치했던 방법과 마찬가지로 GitLab Extension을 설치합니다.

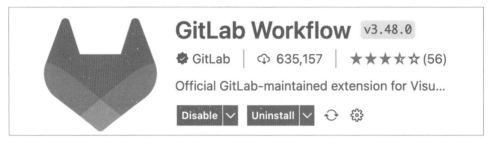

[그림 1-31] GitLab Workflow Extension 상세

설치를 완료하면 커맨드 팔레트에 GitLab 메뉴가 생긴 것을 확인할 수 있습니다. gitlab: auth라고 입력하면 나오는 메뉴(GitLab: Authenticate to GitLab.com)를 클릭합니다.

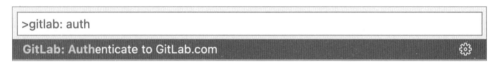

[그림 1-32] GitLab Extension에 인증

그러면 GitLab Workflow에서 GitLab Authentication을 사용하겠다는 팝업창이 나타납니다. Allow 버튼을 눌러 승인해줍니다.

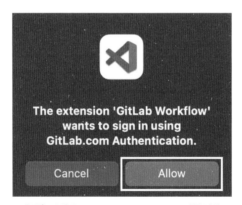

[그림 1-33] GitLab Authentication - Allow 버튼 선택

그다음 GitLab 웹 페이지를 열겠다는 팝업창이 나타납니다. Open 버튼을 클릭합니다.

[그림 1-34] GitLab Authentication - Open 버튼 선택

Open 버튼을 클릭하면 GitLab 웹 페이지가 열립니다. 로그인을 해야 화면이 보이므로 로그인이 안되어 있다면 로그인을 해줍니다. 그러면 아래 그림과 같이 GitLab Workflow Extension에 권한을 부여할지 확인하는 화면이 나타납니다. Authorize 버튼을 클릭해서 진행합니다.

[그림 1-35] GitLab Authentication - Authorize 버튼 선택

VS Code를 열지 물어보는 팝업창이 나타납니다. Visual Studio Code.app 열기 버튼을 눌러 VS Code로 돌아갑시다.

[그림 1-36] GitLab Authentication - Visual Studio Code.app 열기 버튼 선택

VS Code 쪽에서도 URI를 열어도 되는지를 확인하는 팝업창이 나타납니다. Open 버튼을 클릭해서 인증을 완료합니다.

[그림 1-37] GitLab Authentication - Open 버튼 선택

VS Code 우측 하단에 계정이 연결되었다는 메시지가 보입니다.

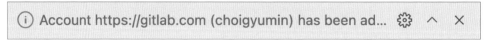

[그림 1-38] GitLab Authentication - 인증 성공 시 메시지

이제 VS Code과 GitLab 계정을 연결하는 데 성공했습니다!

gitignore Extension 설치

Git 버전 관리를 할 때, 원격 저장소에 저장되기를 원하지 않는 파일들(환경설정, editor 관련, build 결과물 등)을 .gitignore 파일에 적어 버전 관리에서 제외시킬 수 있습니다.

파이썬에 해당하는 .gitignore 파일을 불러올 수 있는 Extension을 설치해봅시다. gitignore Extension의 아이콘과 상세 정보는 다음 그림과 같습니다.

[그림 1-39] gitignore Extension 상세

Extension이 설치되었다면 커맨드 팔레트 창을 띄워 gitignore를 입력하고 검색된 Add gitignore라는 메뉴를 선택합니다.

[그림 1-40] 커맨드 팔레트에서 Add gitignore 메뉴 선택

엔터키를 누르면 사용할 수 있는 언어 리스트가 나오는데, Python을 입력하면 나타나는 Python Python.gitignore라는 메뉴를 선택해 파이썬에 해당하는 gitignore 파일을 프로젝트에 추가시킵니다.

[그림 1-41] Python gitignore 선택

그러면 VS Code의 오른쪽 하단에 아래 그림과 같이 .gitignore 파일을 생성했다는 메시지를 확인할 수 있습니다.

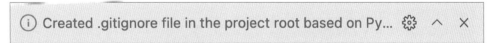

[그림 1-42] .gitignore 파일 추가 성공 시 팝업 메시지

또한 왼쪽 Explorer 메뉴에서 .gitignore 파일이 새롭게 추가된 것을 확인할 수 있습니다.

[그림 1-43] .gitignore 파일 추가 이후 파일 구조

드디어 첫 번째로 Git 원격 저장소에 업로드 해볼 시간입니다. 아직 개발한 내용은 없지만 시작의 의미로 커밋(commit)을 진행해보겠습니다. 터미널에서 CLI로 작업하는 방법을 아는 분들은 이 부분을 넘겨도 좋습니다.

먼저 커맨드 팔레트에 git init을 입력한 후 Git: Initialize Repository 메뉴를 선택합니다. 이 메뉴는 사용자의 컴퓨터에 Git 리포지토리를 생성한다는 의미입니다.

[그림 1-44] Git: Initialize Repository 메뉴 선택

리포지토리로 사용할 폴더를 선택하는 메뉴가 나옵니다. 현재 폴더를 리포지토리로 사용할 것이므로 현재 폴더(fullstack-api)를 선택합니다.

[그림 1-45] 현재 폴더 선택

커맨드 팔레트에서 git commit을 입력한 후 Git: Commit All이라는 메뉴를 선택합니다.

[그림 1-46] Git: Commit All 메뉴 선택

새로운 파일이 열리고 커밋 메시지를 입력할 수 있게 됩니다.

커밋 메시지를 init: welcome to dqflex라고 적어봅시다. 메시지를 적은 후 저장(Ctrl + S)합니다. 어떤 것이 바뀌었는지 기록하는 용도이기 때문에 커밋 메시지를 잘 적는 것은 좋은 개발 습관입니다. 어떻게 입력하는지 이해가 잘 되지 않는다면 아래 그림을 참고하세요.

[그림 1-47] 커밋 메시지 입력

다음으로 git push를 통해 원격 저장소에 업로드해봅시다. git push는 사용자 컴퓨터에 있는 내용을 원격 Git 리포지토리에 업로드하는 명령어입니다.

커맨드 팔레트에서 git push라고 검색한 후 메뉴를 선택합니다.

[그림 1-48] Git: Push 메뉴 선택

그리고 GitLab의 원격 저장소로 이동해보면, 방금 컴퓨터에서 업로드한 내용이 GitLab에서 보이는 것을 확인할 수 있습니다.

[그림 1-49] GitLab에서 확인한 첫 번째 커밋 메시지

이제 백엔드 개발 환경 설정이 끝났습니다. 코드를 작성하고 GitLab으로 푸시할 수 있는 환경이 구축되었습니다. 혼자서 개발하더라도 버전 관리는 깔끔하게 해주는 것이 좋습니다. 6장에서 gitlab-runner를 통해 AWS EC2에 배포가 자동으로 진행되는 환경을 구축할 예정이니, GitLab과의 연동은 필수적으로 진행하기 바랍니다.

다음 장부터 본격적인 파이썬 개발을 진행하겠습니다.

4장

3장

2장

데이터
전처리하기

1장

2장 / 데이터 전처리하기

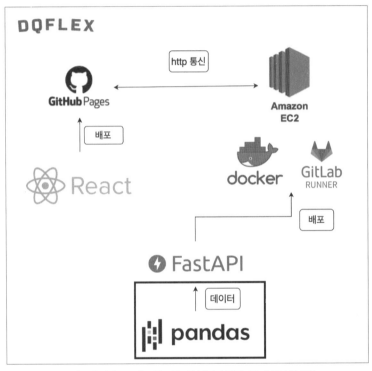

[그림 2-1] 전체 프로젝트 구조 중 2장 '데이터 전처리하기' 단계의 위치

데이터 사이언스 프로젝트에서 깔끔하게 정리된 데이터를 받을 수 있는 곳은 거의 없습니다. 데이터 분석 경진대회 플랫폼인 캐글(https://www.kaggle.com/)도 분석만 하면 되는 클린한 데이터를 제공하지는 않습니다. 그렇다면 실제 업무 환경에서는 어떨까요? 어떤 데이터를 이용해 어떤 비즈니스적 성과를 만들고 싶은지에 따라 전처리하는 방법도 달라지고 경우에 따라 아무런 전처리를 하지 않은 로우(raw) 데이터를 필요로 하기도 합니다. 따라서 데이터를 이용한 인사이트(insight)를 얻어낼 때 데이터를 전처리하는 것은 필수적이고 중요한 과정입니다. 이번 장에서는 무비렌즈 데이터를 원하는 형태로 가공해서 DQFLEX의 추천 시스템에서 사용할 수 있는 데이터로 만드는 방법을 배워봅시다.

2.1. 데이터셋 다운로드하기

데이터로는 추천 시스템 연습에 많이 활용되는 무비렌즈[3] 데이터셋을 활용합니다. 무비렌즈 데이터셋은 사이즈에 따라 다양한 버전이 제공되는데, 이 책에서는 추천 시스템을 구축해보는 것이 목적이므로 가장 작은 small 버전의 데이터셋을 활용합니다. 가장 작다고 해도 100,000개의 평가, 9,000개의 영화, 600명의 유저(user)에 대한 데이터이므로 추천 시스템을 연습하기엔 충분합니다. small 데이터셋을 바로 다운로드하려면 아래의 링크를 이용합니다.

- https://files.grouplens.org/datasets/movielens/ml-latest-small.zip

2.2. 데이터셋 톺아보기

다운로드한 파일의 압축을 풀면 5개의 파일로 이루어진 폴더가 있습니다. 이번 절에서는 각 파일을 훑어보고 전처리 후 어떤 데이터 형태를 가져야 할지 배워봅니다.

README.txt 파일은 데이터셋에 대한 설명, 저작권 등의 정보가 있는 파일입니다. 분석에는 사용하지 않으나 각 파일이 어떻게 구성되어 있는지 볼 수 있어 유용합니다.

구체적인 항목에 대해 조금 살펴보면, 먼저 데이터셋에 대한 개략적인 설명과 라이센스에 대한 설명이 있습니다. 또한 Movies Data File Structure라는 섹션이 있는데, movies.csv의 형태와 어떤 값들이 데이터로 포함되어 있는지 설명되어 있습니다. 영화의 장르가 어떻게 세분화되어 있는지 확인하고 싶다면 이 섹션을 참고하면 됩니다.

tags.csv 파일은 각 유저가 영화에 대해 한 단어 혹은 한 문장으로 표현한 태그(tag)를 모아 놓은 데이터인데, DQFLEX에서는 이 정보를 사용하지 않을 것입니다. 하지만 관심이 있는 독자분들은 이 파일을 이용해서 재미있는 분석을 해보기 바랍니다.

ratings.csv 파일은 그림 2-2에서 볼 수 있듯이 유저 ID와 영화 ID, 5점 만점의 평점, 그리고 평점을 준 시점(timestamp)으로 이루어진 데이터입니다. ratings.csv 파일을 이용해서 추천 엔진에 학습을 시키고 추천 결과를 도출할 수 있도록 합니다.

---

[3]. https://grouplens.org/datasets/movielens/

userId	movieId	rating	timestamp
1	1	4.0	964982703
1	3	4.0	964981247
1	6	4.0	964982224
1	47	5.0	964983815
1	50	5.0	964982931
1	70	3.0	964982400
1	101	5.0	964980868
1	110	4.0	964982176
1	151	5.0	964984041
1	157	5.0	964984100
1	163	5.0	964983650
1	216	5.0	964981208
1	223	3.0	964980985

[그림 2-2] ratings.csv 파일 일부

movies.csv 파일과 links.csv 이 두 가지 파일을 이용해서 DQFLEX에 보여줄 영화 정보 데이터프레임을 만들어봅시다. 웹 사이트 형태에서 보여주기 위해서는 영화의 제목, 영화 포스터 등의 정보가 필요합니다. 무비렌즈 데이터셋에서 사용하고 있는 IMDB, TMDB 사이트의 API를 사용해서 이 과정을 자동화하는 방법도 이번 장에서 배워봅시다.

movieId	title	genres
1	Toy Story (1995)	Adventure|Animation|Children|Comedy|Fantasy
2	Jumanji (1995)	Adventure|Children|Fantasy
3	Grumpier Old Men (1995)	Comedy|Romance
4	Waiting to Exhale (1995)	Comedy|Drama|Romance
5	Father of the Bride Part II (1995)	Comedy
6	Heat (1995)	Action|Crime|Thriller
7	Sabrina (1995)	Comedy|Romance
8	Tom and Huck (1995)	Adventure|Children
9	Sudden Death (1995)	Action
10	GoldenEye (1995)	Action|Adventure|Thriller
11	American President, The (1995)	Comedy|Drama|Romance

[그림 2-3] movies.csv 파일 일부

movieId	imdbId	tmdbId
1	114709	862
2	113497	8844
3	113228	15602
4	114885	31357
5	113041	11862
6	113277	949
7	114319	11860
8	112302	45325
9	114576	9091

[그림 2-4] links.csv 파일 일부

2.3. 데이터셋 전처리하기

데이터셋을 전처리하기 전에 완성된 DQFLEX에서 어떤 정보가 필요한지 한번 생각해봅시다. 아래 그림을 보면 필요한 정보들을 알 수 있습니다.

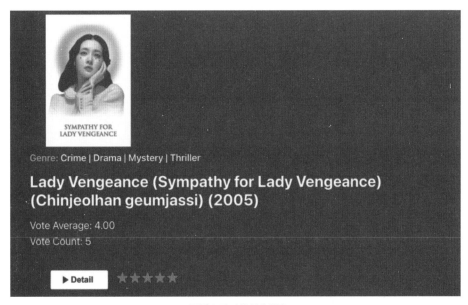

[그림 2-5] 영화 상세 화면

영화 포스터(URL 형태), 영화 장르, 영화 제목, 평균 평점(Vote Average), 참여 인원(Vote Count)이 먼저 눈에 띄고, 아래 Detail 버튼을 클릭하면 영화의 상세 화면으로 이동해야 하므로 상세 화면의 URL도 필요합니다. movies.csv 파일과 links.csv 파일, 평점에 대한 정보를 가져오려면 ratings.csv도 사용해야 합니다. 그리고 데이터셋에 포함되지 않은 정보를 가져오기 위해 IMDB, TMDB의 API를 이용해서 DQFLEX의 데이터로 사용할 최종 파일인 movies_final.csv 파일을 만드는 파이썬 스크립트를 만들어보겠습니다.

1장에서 세팅했던 VS Code를 다시 켜고 fullstack-api 폴더를 열어줍니다. VS Code 좌측의 Explorer 탭을 보면, venv 폴더와 .gitignore 파일이 보일 것입니다.

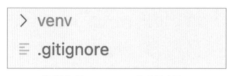

[그림 2-6] fullstack-api 초기 폴더 구조

여기에 이제 app이라는 이름의 폴더를 하나 새로 만듭니다.

[그림 2-7] app 폴더 생성

이번 절에서 필요한 것은 2.1절에서 다운로드한 무비렌즈 데이터셋과 이를 전처리하기 위한 코드입니다. 무비렌즈 데이터셋을 담을 data 폴더를 app 폴더의 내부에 만들고, 전처리 코드인 movie_preprocessor.py 파일도 app 폴더의 하단에 추가합니다. 주의해야 할 점은 data 폴더 안에는 무비렌즈 데이터셋이 들어가는 것이지, movie_preprocessor.py 등의 파이썬 파일이 들어가는 게 아니라는 점입니다. 무비렌즈 데이터셋(links.csv, movies.csv, ratings.csv)까지 모두 옮긴 최종 폴더 구조는 그림 2-8과 같게 됩니다.

의외로 많은 초심자들이 데이터 전처리의 중요성을 간과하는데, 실제 데이터 과학 프로젝트에서 가장 많은 시간이 필요한 단계가 바로 데이터 전처리입니다. 어떻게 데이터를 전처리하느냐에 따라 모델의 성능이 좌우되기도 하므로 데이터 전처리하는 코드를 잘 익혀두길 바랍니다.

[그림 2-8] 데이터셋과 전처리 코드를 넣은 후의 폴더 구조

이제 가상 환경에 필요한 패키지들을 설치해봅시다.

먼저, 터미널이 우리가 만든 가상 환경에서 잘 작동하고 있는지 확인하기 위해서 몇 가지 명령어를 사용해보겠습니다. pip는 파이썬의 패키지 관리자인데, 이 패키지 관리자를 이용해서 필요한 패키지들을 설치해야 합니다.

터미널에서 which pip3라는 명령어를 입력했을 때, 아래와 같이 현재 작업하고 있는 fullstack-api 폴더 안에 있는 pip를 사용하는 것으로 나온다면 성공입니다.

```
(venv) $ which pip3
/Users/dq/dq-dev/fullstack-api/venv/bin/pip3
```

만약 다른 경로가 나온다면 커맨드 팔레트를 이용해서 터미널을 다시 생성해줍니다.

[그림 2-9] Python Terminal 생성

만약 이렇게 했는데도 which pip3의 출력 결과가 원하는 대로 나오지 않는다면 1.4절의 내용부터 다시 따라 해보기 바랍니다.

이제 이번 절에서 필요한 두 가지 패키지를 설치해봅시다. 하나는 pandas[4] 로, 파이썬에서 데이터를

---

4. https://pandas.pydata.org/

다루는 작업을 할 때 아주 유용한 패키지입니다. 다른 하나는 requests[5] 로, HTTP 통신을 위한 패키지입니다.

두 패키지를 설치하기 위해 터미널에 다음 명령어를 입력합니다.

```
$ pip install pandas
$ pip install requests
```

먼저 pandas 패키지가 정상적으로 설치된다면 아래와 같은 출력 결과를 확인할 수 있습니다.

```
(venv) $ pip install pandas
Collecting pandas
  Using cached pandas-1.4.3-cp39-cp39-macosx_11_0_arm64.whl (10.5 MB)
Collecting python-dateutil>=2.8.1
  Using cached python_dateutil-2.8.2-py2.py3-none-any.whl (247 kB)
Collecting pytz>=2020.1
  Using cached pytz-2022.1-py2.py3-none-any.whl (503 kB)
Collecting numpy>=1.20.0
  Using cached numpy-1.23.1-cp39-cp39-macosx_11_0_arm64.whl (13.3 MB)
Collecting six>=1.5
  Using cached six-1.16.0-py2.py3-none-any.whl (11 kB)
Installing collected packages: pytz, six, numpy, python-dateutil, pandas
Successfully installed numpy-1.23.1 pandas-1.4.3 python-dateutil-2.8.2 pytz-2022.1
six-1.16.0
```

또한 requests 패키지가 정상적으로 설치된다면 아래와 같은 출력 결과를 확인할 수 있습니다.

```
(venv) $ pip install requests
Collecting requests
  Using cached requests-2.28.1-py3-none-any.whl (62 kB)
Collecting charset-normalizer<3,>=2
  Using cached charset_normalizer-2.1.0-py3-none-any.whl (39 kB)
Collecting certifi>=2017.4.17
  Using cached certifi-2022.6.15-py3-none-any.whl (160 kB)
```

---

5. https://docs.python-requests.org/en/latest/

```
Collecting urllib3<1.27,>=1.21.1
  Downloading urllib3-1.26.11-py2.py3-none-any.whl (139 kB)

139.9/139.9 KB 1.5 MB/s eta 0:00:00
Collecting idna<4,>=2.5
  Using cached idna-3.3-py3-none-any.whl (61 kB)
Installing collected packages: urllib3, idna, charset-normalizer, certifi,
requests
Successfully installed certifi-2022.6.15 charset-normalizer-2.1.0 idna-3.3
requests-2.28.1 urllib3-1.26.11
```

그럼 이제 처음으로 파이썬 스크립트를 작성하고 실행해보겠습니다. 비어 있는 movie_preprocessor.py 파일을 열어서 아래와 같은 코드를 입력합니다.

```python
import pandas as pd
import requests


if __name__ == "__main__":
    movies_df = pd.read_csv('data/movies.csv')
    print(movies_df)
```

이렇게 코드를 작성한 후에 터미널에서 app 폴더로 이동합니다.

```
$ cd app
```

이동한 그 위치에서 movie_preprocessor.py 파일을 실행해보겠습니다.

```
$ python movie_preprocessor.py
```

앞의 과정을 잘 따라왔다면 아래와 같이 화면에 movies.csv 파일의 모습이 출력되는 것을 확인할 수 있습니다.

```
(venv) $ python movie_preprocessor.py
      movieId                                  title
genres
0           1                        Toy Story (1995)  Adventure|Animation|Chil
dren|Comedy|Fantasy
```

```
1            2                           Jumanji (1995)
Adventure|Children|Fantasy
2            3                     Grumpier Old Men (1995)
Comedy|Romance
3            4                   Waiting to Exhale (1995)
Comedy|Drama|Romance
4            5             Father of the Bride Part II (1995)
Comedy
...          ...                                      ...
...
9737    193581  Black Butler: Book of the Atlantic (2017)
Action|Animation|Comedy|Fantasy
9738    193583               No Game No Life: Zero (2017)
Animation|Comedy|Fantasy
9739    193585                            Flint (2017)
Drama
9740    193587           Bungo Stray Dogs: Dead Apple (2018)
Action|Animation
9741    193609           Andrew Dice Clay: Dice Rules (1991)
Comedy

[9742 rows x 3 columns]
```

우리가 movie_preprocessor.py 파일을 이용해 얻고자 하는 최종 데이터 파일을 movies_final.csv라고 하면, 데이터 전처리 작업은 다음 그림과 같이 진행될 것입니다.

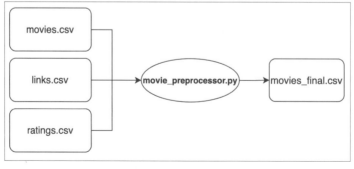

[그림 2-10] 데이터 전처리 작업

movies.csv 파일이 메인 데이터프레임이 될 것이고, links.csv, ratings.csv 파일이 정보를 추가하는 역할을 할 것입니다. movies_final.csv 파일에 최종적으로 들어가야 하는 컬럼(column)들을 나열함으로써 어떻게 전처리해야 할지 생각해봅시다.

현재 movies.csv 파일의 컬럼들은 다음과 같습니다.

```
movieId,title,genres
```

그리고 movies_final.csv 파일의 컬럼들은 다음과 같습니다.

```
movieId,title,genres,url,poster_path,imdbId,tmdbId,rating_count,rating_avg
```

url, poster_path, imdbId, tmdbId, rating_count, rating_avg의 6개 컬럼이 추가된 것을 확인할 수 있습니다. rating_이 붙은 컬럼들은 이름만 보더라도 ratings.csv 파일과 관련된 것이라고 유추가 가능합니다. rating_이 붙지 않은 나머지 정보들은 links.csv 파일에서 가져올 것입니다.

먼저 pandas에서 제공하는 merge 함수를 이용해서 쉽게 붙일 수 있는 부분부터 진행하도록 하겠습니다. merge 함수는 key 값을 이용해서 서로 다른 두 개의 데이터프레임을 병합하는 함수입니다. 따라서 우리는 movieId를 이용해서 병합을 진행해보겠습니다. links.csv 파일을 보면 movieId, imdbId, tmdbId 세 개의 컬럼을 가지고 있습니다. movies.csv와 links.csv 파일을 결합하는 작업만 해도 imdbId, tmdbId의 2개 컬럼은 해결이 가능합니다. 빠르게 시작해봅시다!

movie_preprocessor.py 파일을 다음 내용으로 수정한 후 실행해봅시다.

```python
import pandas as pd
import requests


if __name__ == "__main__":
    movies_df = pd.read_csv('data/movies.csv')
    # id 를 문자로 인식할 수 있도록 type 을 변경해줍니다.
    movies_df['movieId'] = movies_df['movieId'].astype(str)
    links_df = pd.read_csv('data/links.csv', dtype=str)
    merged_df = movies_df.merge(links_df, on='movieId', how='left')[6]
    print(merged_df)
    print(merged_df.columns)
```

6. movies_df.merge()에서 on은 어떤 컬럼으로 merge를 실행할지 join key를 설정합니다. how는 left , 즉 왼쪽 movies_df를 기준으로 merge를 실행한다는 의미입니다.

이렇게 작성한 후 터미널에서 python movie_preprocessor.py 명령어를 다시 실행하면 다음과 같은 결과가 출력됩니다.

```
(venv) $ python movie_preprocessor.py
      movieId                                     title  ...  imdbId  tmdbId
0           1                          Toy Story (1995)  ...  0114709     862
1           2                            Jumanji (1995)  ...  0113497    8844
2           3                   Grumpier Old Men (1995)  ...  0113228   15602
3           4                  Waiting to Exhale (1995)  ...  0114885   31357
4           5        Father of the Bride Part II (1995)  ...  0113041   11862
...       ...                                       ...  ...      ...     ...
9737   193581  Black Butler: Book of the Atlantic (2017) ...  5476944  432131
9738   193583                No Game No Life: Zero (2017) ... 5914996  445030
9739   193585                              Flint (2017)  ...  6397426  479308
9740   193587      Bungo Stray Dogs: Dead Apple (2018)  ...  8391976  483455
9741   193609            Andrew Dice Clay: Dice Rules (1991) ... 0101726  37891

[9742 rows x 5 columns]
Index(['movieId', 'title', 'genres', 'imdbId', 'tmdbId'], dtype='object')
```

기존에 출력된 값에서 imdbId, tmdbId라는 컬럼이 추가된 것을 확인할 수 있습니다.

다음으로 add_url이라는 함수를 이용해서 URL을 추가해보겠습니다. URL은 imdb의 영화 상세 화면으로 안내하도록 합니다. imdb 영화 상세 화면의 URL 특징을 알면 쉽게 해결이 가능합니다. movieId 1번인 Toy Story (1995)의 imdb 영화 상세 화면 URL 주소는 다음과 같습니다.

- http://www.imdb.com/title/tt0114709/

여기에서 tt 뒷부분의 숫자를 보면 0114709이고, 이는 위 출력 결과의 첫 번째 줄의 imdbId와 일치합니다. 따라서, url 부분은 http://www.imdb.com/title/tt에 imdbId를 붙여주면 된다는 것을 알 수 있습니다. 이를 코드로 표현해서 url이라는 컬럼도 추가합니다.

```python
import pandas as pd
import requests


def add_url(row):
```

```
        return f"http://www.imdb.com/title/tt{row}/"


if __name__ == "__main__":
    movies_df = pd.read_csv('data/movies.csv')
    movies_df['movieId'] = movies_df['movieId'].astype(str)
    links_df = pd.read_csv('data/links.csv', dtype=str)
    merged_df = movies_df.merge(links_df, on='movieId', how='left')
    merged_df['url'] = merged_df['imdbId'].apply(lambda x: add_url(x))[7]
    print(merged_df)
```

위의 코드를 실행하면 다음과 같은 결과를 얻을 수 있습니다.

```
(venv) $ python movie_preprocessor.py
      movieId                                   title  ...  tmdbId
url
0           1                          Toy Story (1995)  ...     862  http://www.
imdb.com/title/tt0114709/
1           2                            Jumanji (1995)  ...    8844  http://www.
imdb.com/title/tt0113497/
2           3                   Grumpier Old Men (1995)  ...   15602  http://www.
imdb.com/title/tt0113228/
3           4                  Waiting to Exhale (1995)  ...   31357  http://www.
imdb.com/title/tt0114885/
4           5        Father of the Bride Part II (1995)  ...   11862  http://www.
imdb.com/title/tt0113041/
...       ...                                       ...  ...     ...
...
9737   193581  Black Butler: Book of the Atlantic (2017)  ...  432131  http://www.
imdb.com/title/tt5476944/
9738   193583              No Game No Life: Zero (2017)  ...  445030  http://www.
imdb.com/title/tt5914996/
9739   193585                              Flint (2017)  ...  479308  http://www.
```

---

7. lambda 함수는 익명함수로, 새로운 함수를 정의하고 다시 호출하기에는 너무 간단한 함수를 정의할 때 주로 사용합니다.

```
imdb.com/title/tt6397426/
9740   193587          Bungo Stray Dogs: Dead Apple (2018)  ...   483455   http://www.
imdb.com/title/tt8391976/
9741   193609          Andrew Dice Clay: Dice Rules (1991)  ...    37891   http://www.
imdb.com/title/tt0101726/


[9742 rows x 6 columns]
```

add_url 함수는 row라는 하나의 input을 받아서 정해진 http://www.imdb.com.title/tt라는 문자 뒤에 row라는 input을 넣어주는 함수입니다. 이 함수를 merged_df의 imdb라는 컬럼에 적용시켜 각 imdbId를 활용하고, 이를 통해 생성된 URL이 url 컬럼에 잘 입력되어 있는 것을 위 출력 결과에서 확인할 수 있습니다. movieId와 url 사이는 … 으로 생략되어 있지만, 기존에 있는 데이터는 바꾸지 않았으니 그대로 있다는 것을 인지하기 바랍니다. URL 정보가 제대로 들어갔는지 확인하기 위해 2번째 줄에 있는 주소로 이동하여 확인해보겠습니다. 마지막 줄에 있는 print(merged_df)를 다음과 같은 코드로 변경한 후 실행하면 아래 출력 화면과 같이 Jumanji (1995) 영화의 정보를 출력하는 것을 확인할 수 있고, url 부분의 http://www.imdb.com/title/tt0113497로 이동하면 그림 2-11과 같이 Jumanji의 영화 상세 화면으로 이동하는 것을 확인할 수 있습니다.

```
print(merged_df.iloc[1,:])[8]
```

```
(venv) $ python movie_preprocessor.py
movieId                                      2
title                            Jumanji (1995)
genres                  Adventure|Children|Fantasy
imdbId                                   0113497
tmdbId                                      8844
url          http://www.imdb.com/title/tt0113497/
Name: 1, dtype: object
```

---

8. iloc은 숫자로 데이터프레임을 slicing하는 함수입니다. 데이터프레임의 특정 영역을 지정해서 호출하고 싶을 때 사용합니다.

[그림 2-11] IMDB 사이트의 Jumanji 영화 상세 화면

poster_path를 추가하기 전에 rating과 관련된 컬럼을 먼저 추가합니다. poster_path의 경우 themoviedb 사이트의 API를 사용해 결과를 받아오는 형태이다 보니 small 데이터셋 기준으로 1시간 내외의 실행 시간이 필요합니다. 그러므로 poster_path를 추가하는 로직은 마지막에 적용하겠습니다.

add_rating 함수를 이용해서 rating_count, rating_avg 두 가지 컬럼을 추가합니다.

```python
import pandas as pd
import requests


def add_url(row):
    return f"http://www.imdb.com/title/tt{row}/"


def add_rating(df):
    ratings_df = pd.read_csv('data/ratings.csv')
    ratings_df['movieId'] = ratings_df['movieId'].astype(str)
    agg_df = ratings_df.groupby('movieId').agg(
        rating_count=('rating', 'count'),
        rating_avg=('rating', 'mean')
    ).reset_index()

    rating_added_df = df.merge(agg_df, on='movieId')
    return rating_added_df


if __name__ == "__main__":
    movies_df = pd.read_csv('data/movies.csv')
```

```
movies_df['movieId'] = movies_df['movieId'].astype(str)
links_df = pd.read_csv('data/links.csv', dtype=str)
merged_df = movies_df.merge(links_df, on='movieId', how='left')
merged_df['url'] = merged_df['imdbId'].apply(lambda x: add_url(x))
result_df = add_rating(merged_df)
print(result_df)
```

add_rating 함수는 ratings.csv 파일을 읽고, ratings 정보를 count, mean이라는 두 가지 집계함수를 사용해서 컬럼에 추가해주는 역할을 합니다. 위와 같이 movie_preprocessor.py 파일의 코드를 바꾼 후에 다시 실행하면 다음과 같은 결과를 얻을 수 있습니다.

```
(venv) $ python movie_preprocessor.py
      movieId                                     title ... rating_count rating_
avg
0           1                          Toy Story (1995) ...          215
3.920930
1           2                            Jumanji (1995) ...          110
3.431818
2           3                   Grumpier Old Men (1995) ...           52
3.259615
3           4                  Waiting to Exhale (1995) ...            7
2.357143
4           5        Father of the Bride Part II (1995) ...           49
3.071429
...       ...                                       ... ...          ...
...
9719   193581   Black Butler: Book of the Atlantic (2017) ...          1
4.000000
9720   193583             No Game No Life: Zero (2017) ...            1
3.500000
9721   193585                             Flint (2017) ...            1
3.500000
9722   193587         Bungo Stray Dogs: Dead Apple (2018) ...          1
3.500000
```

```
9723   193609          Andrew Dice Clay: Dice Rules (1991)    ...              1
4.000000

[9724 rows x 8 columns]
```

rating_count와 rating_avg 두 가지 컬럼이 원하는 형태로 들어간 것을 확인할 수 있습니다.

그럼 마지막으로 poster_path 컬럼을 추가해봅시다. poster_path는 tmdb의 API를 이용해서 데이터를 받아옵니다. 다른 여러 가지 방법들도 있지만, 이것이 가장 편하고 빠른 방법이기 때문에 이 방법을 이용해서 영화 포스터 정보를 받아오는 것을 추천합니다.

코드를 작성하기 전에 themoviedb 사이트에 회원가입을 하고 API 키 값을 받아야 합니다.

- https://www.themoviedb.org/signup

위 링크를 통해 회원가입을 하면 이메일을 인증하라는 메시지가 나타납니다. 이메일 인증을 진행한 후 유저 설정 화면으로 들어갑니다. 오른쪽 상단에 프로필 부분을 클릭하여 '설정' 메뉴로 들어가면 됩니다.

[그림 2-12] 계정 설정 메뉴 선택

그리고 왼쪽 메뉴에서 API를 선택해주면 API 키를 요청할 수 있는 메뉴가 나옵니다

[그림 2-13] API 메뉴 선택

click here를 클릭해서 이동합니다.

API 키 요청

To generate a new **API key,** click here.

[그림 2-14] API 키 요청 메뉴 상세

그림 2-15와 같이 Developer인지 Professional인지 API 키 타입을 물어보는데, Developer를 선택하겠습니다.

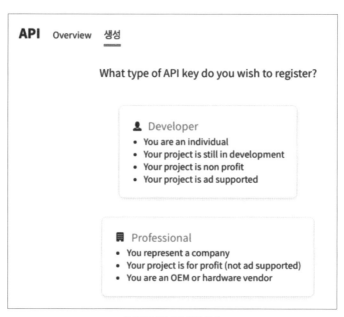

[그림 2-15] API 생성 옵션

API Overview 생성

Approve Terms of Use

Thank you for using the TMDB application programming interfaces (the "TMDB APIs"). By using the TMDB APIs, you UNCONDITIONALLY CONSENT AND AGREE TO BE BOUND BY AND A PARTY TO THESE TERMS AND CONDITIONS. If you disagree with any of these terms, TMDB does not grant you a license to use the TMDB APIs. TMDB reserves the right, in its sole

[그림 2-16] API 사용 동의 화면

API 사용에 대한 사용 동의 화면(Terms of Use)이 나옵니다. 스크롤을 내려 '동의' 버튼을 클릭합니다.

Miscellaneous. The section headings and subheadings contained in this agreement are included for convenience only, and shall not limit or otherwise affect the terms of the Terms of Use. Any construction or interpretation to be made of the Terms of Use shall not be construed against the drafter. The Terms of Use constitute the entire agreement between TMDB and you with respect to the subject matter hereof.

This Agreement was last updated on: July 28, 2014.

[그림 2-17] 동의 버튼 클릭

그림 2-18과 같이 정보를 입력할 수 있는 폼이 나오는데, 본인 인적사항을 적고 아래와 같이 작성을 완료한 후 '제출' 버튼을 클릭합니다.

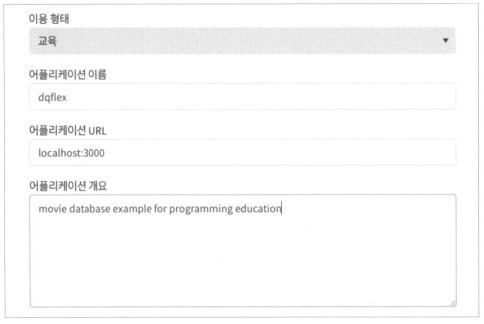

[그림 2-18] 신청 상세 화면

그럼 바로 API 키가 발급되며, API 키 (v3 auth)라고 되어 있는 부분에 적혀 있는 키 정보가 본인의 API 키입니다.

[그림 2-19] 내 API 키 정보

이제 이 정보를 이용해 영화 포스터를 얻어오는 코드를 작성해봅시다.

일단 이 코드를 실행하려면 시간이 조금 오래 걸리기 때문에 터미널에 진행상황을 나타내 주는 tqdm 이라는 패키지를 설치합니다.

```
$ pip install tqdm
```

위 명령어로 설치가 가능하고, 아래와 같이 설치 완료 메시지가 보이면 성공입니다.

```
(venv) $ pip install tqdm
```

```
Collecting tqdm
  Using cached tqdm-4.64.0-py2.py3-none-any.whl (78 kB)
Installing collected packages: tqdm
Successfully installed tqdm-4.64.0
```

아래 코드가 movie_preprocessor.py의 최종 코드입니다.

```python
import pandas as pd
import requests
import sys
from tqdm import tqdm
import time


def add_url(row):
    return f"http://www.imdb.com/title/tt{row}/"


def add_rating(df):
    ratings_df = pd.read_csv('data/ratings.csv')
    ratings_df['movieId'] = ratings_df['movieId'].astype(str)
    agg_df = ratings_df.groupby('movieId').agg(
        rating_count=('rating', 'count'),
        rating_avg=('rating', 'mean')
    ).reset_index()

    rating_added_df = df.merge(agg_df, on='movieId')
    return rating_added_df


def add_poster(df):
    for i, row in tqdm(df.iterrows(), total=df.shape[0]):
        tmdb_id = row["tmdbId"]
        tmdb_url = f"https://api.themoviedb.org/3/movie/{tmdb_id}?api_key=내API
키|&language=en-US"
        result = requests.get(tmdb_url)
        # final url : https://image.tmdb.org/t/p/original/
```

```
uXDfjJbdP4ijW5hWSBrPrlKpxab.jpg
        try:
                df.at[i, "poster_path"] = "https://image.tmdb.org/t/p/original" +
result.json()['poster_path']
                time.sleep(0.1) # 0.1초 시간 간격을 만들어줍니다.
        except (TypeError, KeyError) as e:
                # toy story poster as default
                df.at[i, "poster_path"] = "https://image.tmdb.org/t/p/original/
uXDfjJbdP4ijW5hWSBrPrlKpxab.jpg"
    return df


if __name__ == "__main__":
    movies_df = pd.read_csv('data/movies.csv')
    movies_df['movieId'] = movies_df['movieId'].astype(str)
    links_df = pd.read_csv('data/links.csv', dtype=str)
    merged_df = movies_df.merge(links_df, on='movieId', how='left')
    merged_df['url'] = merged_df['imdbId'].apply(lambda x: add_url(x))
    result_df = add_rating(merged_df)
    result_df['poster_path'] = None
    result_df = add_poster(result_df)

    result_df.to_csv("data/movies_final.csv", index=None)
```

위의 코드에서 주의해야 하는 부분은 네모 상자로 표시한 add_poster 함수 부분인데, "내API키"라
는 글자를 그대로 쓰면 안 되고, 그 부분에 tmdb에서 발급받은 본인의 API 키를 적어야 동작합니다.
tmdb의 API를 활용하는 작업이다 보니, 하나하나 로우(row)를 돌면서 작업하는 데에 시간이 조금 걸
립니다(필자의 2020년형 맥북 프로 기준으로는 50분 정도 걸렸습니다). 지금까지 잘 따라왔다면 코드
를 실행했을 때 다음 그림과 같이 진행률이 보일 것입니다.

[그림 2-20] poster_path 진행 중 출력 화면

진행률 바가 100%가 되면 data 폴더 내부에 movies_final.csv라는 파일이 생성됩니다. 파일을 열어
내용이 잘 들어가 있는지 확인합니다.

app > data > movies_final.csv

```
movieId,title,genres,imdbId,tmdbId,url,rating_count,rating_avg,poster_path
1,Toy Story (1995),Adventure|Animation|Children|Comedy|Fantasy,0114709,862,http://www.
2,Jumanji (1995),Adventure|Children|Fantasy,0113497,8844,http://www.imdb.com/title/tt0
3,Grumpier Old Men (1995),Comedy|Romance,0113228,15602,http://www.imdb.com/title/tt011
4,Waiting to Exhale (1995),Comedy|Drama|Romance,0114885,31357,http://www.imdb.com/titl
5,Father of the Bride Part II (1995),Comedy,0113041,11862,http://www.imdb.com/title/tt
6,Heat (1995),Action|Crime|Thriller,0113277,949,http://www.imdb.com/title/tt0113277/,1
7,Sabrina (1995),Comedy|Romance,0114319,11860,http://www.imdb.com/title/tt0114319/,54,
```

[그림 2-21] movies_final.csv 파일 일부

imdbId, tmdbId, url, rating_count, rating_avg, poster_path 모두 잘 추가되어 들어가 있는 것을 확인할 수 있습니다. 데이터 전처리가 완료되었으니 이제 3장에서는 추천 시스템이 탑재된 백엔드를 본격적으로 만들어보겠습니다.

4장

3장

백엔드 목록
조회하기

2장

3장 / 백엔드 목록 조회하기

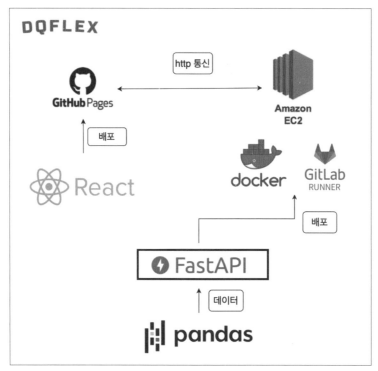

[그림 3-1] 전체 프로젝트 구조 중 3장 '백엔드 목록 조회하기' 단계의 위치

코드 작업을 하기 전에 리액트 클라이언트에서 어떤 데이터를 필요로 하는지, 어떤 방식으로 데이터를 반환해야 유저에게 정상적인 웹 서비스를 제공할 수 있을지 생각해보면 좋습니다.

0장 전체 프로젝트 구조를 보면, 서로 다른 4개의 API 엔드포인트가 필요한 것을 확인할 수 있습니다. 그 목록은 다음과 같습니다.

> ALL
> Genres
> Item based
> User based

여기서 ALL은 전체 영화 데이터 중 무작위로 몇 개의 데이터를 반환하는 "DQ's Pick" 섹션에 들어가게 될 데이터로, 3.2절에서 구현할 예정입니다. 그리고 Genres는 장르를 기준으로 나누어 특정 장르의 영화만을 반환하는 "장르별 영화" 섹션에 들어갈 데이터로, 3.3절에서 구현할 예정입니다.

Item based와 User based는 추천 엔진의 결과에서 얻을 수 있는 데이터로, 각각 "영화별 추천(You may also like)" 섹션, "유저별 추천(Recommend For You)" 섹션에 들어가게 됩니다. 추천 엔진 학습부터 결과를 얻어내는 것까지는 4장에서 구현할 것입니다.

3.1. FastAPI 세팅하기

FastAPI는 파이썬 기반의 가장 빠른 웹 프레임워크 중 하나입니다. 먼저 FastAPI[9] 세팅을 해봅시다. 공식 홈페이지에서 제공하는 튜토리얼을 따라 FastAPI 서버를 띄우고 메시지를 확인합니다. 먼저, 다음 명령어로 FastAPI 패키지를 설치합니다.

```
$ pip install fastapi
```

아래와 같이 메시지가 나오면 설치 성공입니다.

```
(venv) $ pip install fastapi
Collecting fastapi
  Downloading fastapi-0.79.0-py3-none-any.whl (54 kB)

54.6/54.6 KB 1.4 MB/s eta 0:00:00
Collecting pydantic!=1.7,!=1.7.1,!=1.7.2,!=1.7.3,!=1.8,!=1.8.1,<2.0.0,>=1.6.2
  Downloading pydantic-1.9.2-cp39-cp39-macosx_11_0_arm64.whl (2.5 MB)

2.5/2.5 MB 5.5 MB/s eta 0:00:00
Collecting starlette==0.19.1
  Using cached starlette-0.19.1-py3-none-any.whl (63 kB)
Collecting anyio<5,>=3.4.0
  Using cached anyio-3.6.1-py3-none-any.whl (80 kB)
Collecting typing-extensions>=3.10.0
```

---

9. https://fastapi.tiangolo.com/

```
  Using cached typing_extensions-4.3.0-py3-none-any.whl (25 kB)
Collecting sniffio>=1.1
  Using cached sniffio-1.2.0-py3-none-any.whl (10 kB)
Requirement already satisfied: idna>=2.8 in /Users/dq/dq-dev/fullstack-api/venv/
lib/python3.9/site-packages (from anyio<5,>=3.4.0->starlette==0.19.1->fastapi)
(3.3)
Installing collected packages: typing-extensions, sniffio, pydantic, anyio,
starlette, fastapi
Successfully installed anyio-3.6.1 fastapi-0.79.0 pydantic-1.9.2 sniffio-1.2.0
starlette-0.19.1 typing-extensions-4.3.0
```

다음으로 웹 서버 구동을 위해 uvicorn 패키지도 설치합니다. 아래 명령어를 이용해서 설치하면 됩니다.

```
$ pip install "uvicorn[standard]"
```

아래 출력 결과와 같이 메시지가 나오면 설치 성공입니다.

```
(venv) $ pip install "uvicorn[standard]"
Collecting uvicorn[standard]
  Using cached uvicorn-0.18.2-py3-none-any.whl (57 kB)
Collecting click>=7.0
  Using cached click-8.1.3-py3-none-any.whl (96 kB)
Collecting h11>=0.8
  Using cached h11-0.13.0-py3-none-any.whl (58 kB)
Collecting PyYAML>=5.1
  Using cached PyYAML-6.0-cp39-cp39-macosx_11_0_arm64.whl (173 kB)
Collecting uvloop!=0.15.0,!=0.15.1,>=0.14.0
  Using cached uvloop-0.16.0-cp39-cp39-macosx_10_9_universal2.whl (2.1 MB)
Collecting websockets>=10.0
  Using cached websockets-10.3-cp39-cp39-macosx_11_0_arm64.whl (97 kB)
Collecting httptools>=0.4.0
  Using cached httptools-0.4.0-cp39-cp39-macosx_10_9_universal2.whl (227 kB)
Collecting watchfiles>=0.13
  Downloading watchfiles-0.16.1-cp37-abi3-macosx_11_0_arm64.whl (359 kB)
```

```
359.4/359.4 KB 4.4 MB/s eta 0:00:00
Collecting python-dotenv>=0.13
  Using cached python_dotenv-0.20.0-py3-none-any.whl (17 kB)
Requirement already satisfied: anyio<4,>=3.0.0 in ./venv/lib/python3.9/site-
packages (from watchfiles>=0.13->uvicorn[standard]) (3.6.1)
Requirement already satisfied: idna>=2.8 in ./venv/lib/python3.9/site-packages
(from anyio<4,>=3.0.0->watchfiles>=0.13->uvicorn[standard]) (3.3)
Requirement already satisfied: sniffio>=1.1 in ./venv/lib/python3.9/site-packages
(from anyio<4,>=3.0.0->watchfiles>=0.13->uvicorn[standard]) (1.2.0)
Installing collected packages: websockets, uvloop, PyYAML, python-dotenv,
httptools, h11, click, watchfiles, uvicorn
Successfully installed PyYAML-6.0 click-8.1.3 h11-0.13.0 httptools-0.4.0 python-
dotenv-0.20.0 uvicorn-0.18.2 uvloop-0.16.0 watchfiles-0.16.1 websockets-10.3
```

다음으로 app 폴더 안에 main.py라는 파일을 추가합니다.

[그림 3-2] main.py 파일 추가 후의 폴더 구조

main.py 파일의 내용을 아래 코드로 채워줍니다.

```
from typing import List, Optional
from fastapi import FastAPI, Query


app = FastAPI()
```

```python
@app.get("/")[10]
async def root():
    return {"message": "Hello World"}


@app.get("/all/")
async def all_movies():
    return {"message": "All movies"}


@app.get("/genres/{genre}")
async def genre_movies(genre: str):
    return {"message": f"genre: {genre}"}


@app.get("/user-based/")
async def user_based(params: Optional[List[str]] = Query(None)):
    return {"message": "user based"}


@app.get("/item-based/{item_id}")
async def item_based(item_id: str):
    return {"message": f"item based: {item_id}"}
```

실제로 활용할 4개의 엔드포인트를 미리 생성하였고, FastAPI 서버를 작동시켜서 원하는 대로 잘 동작하는지 확인해봅시다.

FastAPI 서버를 동작시키는 명령어는 아래 코드와 같습니다.

```
(venv) $ cd app && uvicorn main:app --reload
```

아래와 같이 출력되면 정상적으로 서버가 동작하고 있는 것입니다.

```
(venv) $ cd app && uvicorn main:app --reload
INFO:     Will watch for changes in these directories: ['/Users/dq/dq-dev/
fullstack-api/app']
INFO:     Uvicorn running on http://127.0.0.1:8000 (Press CTRL+C to quit)
```

---

10. GET, POST, DELETE 등 다양한 HTTP method를 지원합니다.

```
INFO:     Started reloader process [89243] using WatchFiles
```

그럼 이제 여러분의 인터넷 브라우저에서 localhost:8000을 입력하여 제대로 메시지가 나오는지 확인해봅시다. 다음 그림과 같이 "message": "Hello World"가 출력되면 정상적으로 웹 서버가 작동하고 있다는 것입니다.

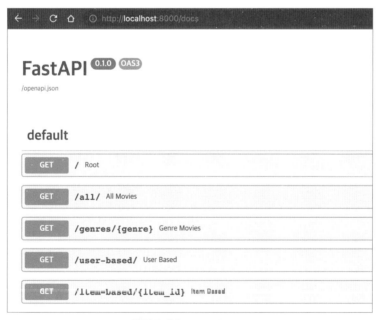

[그림 3-3] localhost:8000 접속 시에 보이는 메시지

FastAPI는 기본적으로 Swagger API docs를 지원합니다. localhost:8000/docs로 이동하여 확인해봅시다. Swagger API docs는 어떤 엔드포인트에서 어떤 Input, Output이 예상되는지 확인해볼 수 있기 때문에 개발자 간에 협업할 때 자주 사용됩니다.

[그림 3-4] Swagger API Docs

그림 3-4와 같이 이 서버에서 제공하는 API의 엔드포인트와 사용 방법이 깔끔하게 나오는 걸 확인할 수 있습니다. 그럼 지정한 4개의 엔드포인트가 각각 잘 작동하는지 확인해봅시다. 중괄호로 path가 지

정되어 있는 값들은 path에 들어가는 값을 input으로 인식하여 FastAPI에서 처리한다는 의미입니다. 다양한 엔드포인트로 접속한 화면을 확인해봅시다.

1) http://localhost:8000/all로 접속한 화면

```json
{
    "message": "All movies"
}
```

2) http://localhost:8000/genres/comedy로 접속한 화면

```json
{
    "message": "genre: comedy"
}
```

3) http://localhost:8000/user-based로 접속한 화면

```json
{
    "message": "user based"
}
```

4) http://localhost:8000/item-based/123로 접속한 화면

```json
{
    "message": "item based: 123"
}
```

이제 각 엔드포인트가 동작하는 것을 확인했으니, 3장과 4장에 걸쳐 4개의 엔드포인트에서 원하는 데이터가 나올 수 있도록 구현해봅시다.

3.2. /all 엔드포인트

main.py 파일에서는 엔드포인트가 관리되므로, 코드의 가독성을 높이기 위해서 resolver.py라는 파일을 만들어줍니다.

resolver.py 파일에서 /all 엔드포인트에 사용되는 random_items 함수를 정의하고, main.py 파일에서는 이 함수를 import하여 사용하는 방식으로 코드를 분리합니다.

pandas에서 제공되는 함수 중 sample이라는 함수를 이용해서 랜덤하게 10개의 데이터를 반환 (return)하도록 만들면, 함수가 호출될 때마다 랜덤한 10개의 영화 데이터가 반환됩니다. DQFLEX 에서 10개의 영화를 보여줄 것이기 때문에 10으로 설정하는 것입니다. 본인이 원하는 개수가 있다면 sample 함수에서 n의 값을 조정하면 됩니다.

resolver.py 파일에 아래 코드를 작성합니다.

```python
import pandas as pd


item_fname = 'data/movies_final.csv'


def random_items():
    movies_df = pd.read_csv(item_fname)
    movies_df = movies_df.fillna('') # 공백을 채워줍니다.
    result_items = movies_df.sample(n=10).to_dict("records")
    return result_items
```

그리고 main.py 파일은 다음과 같이 수정합니다.

```python
from typing import List, Optional
from fastapi import FastAPI, Query
from resolver import random_items


app = FastAPI()


@app.get("/")
async def root():
    return {"message": "Hello World"}
```

```python
@app.get("/all/")
async def all_movies():
    result = random_items()
    return {"result": result}


@app.get("/genres/{genre}")
async def genre_movies(genre: str):
    return {"message": f"genre: {genre}"}


@app.get("/user-based/")
async def user_based(params: Optional[List[str]] = Query(None)):
    return {"message": "user based"}


@app.get("/item-based/{item_id}")
async def item_based(item_id: str):
    return {"message": f"item based: {item_id}"}
```

이렇게 코드를 수정한 후에 다시 /all 엔드포인트(http://localhost:8000/all)로 접속해서 결과를 확인하면, 그림 3-5와 같이 영화 정보가 출력되는 것을 확인할 수 있습니다. 만약 그림 3-6과 같이 연결할 수 없다는 에러 메시지가 나타난다면 서버가 닫혀 있는 것이므로, 터미널을 열고 app 폴더로 이동한 후에 아래 명령어로 웹 서버를 다시 구동시키면 됩니다.

```
$ uvicorn main:app --reload
```

```
{
  "result": [
    {
      "movieId": 48,
      "title": "Pocahontas (1995)",
      "genres": "Animation|Children|Drama|Musical|Romance",
      "imdbId": 114148,
      "tmdbId": 10530,
      "url": "http://www.imdb.com/title/tt0114148/",
      "rating_count": 68,
      "rating_avg": 3.147058823529412,
      "poster_path": "https://image.tmdb.org/t/p/original/kZ1ft0QZ4e3zDUPMBftEkwI9ftd.jpg"
    },
    {
      "movieId": 3041,
      "title": "Meatballs Part II (1984)",
      "genres": "Comedy",
      "imdbId": 87700,
      "tmdbId": 40771,
      "url": "http://www.imdb.com/title/tt0087700/",
      "rating_count": 6,
      "rating_avg": 2.083333333333333,
      "poster_path": "https://image.tmdb.org/t/p/original/pEQiGb44E5M2BT6b4P7wctR7yLq.jpg"
    },
```

[그림 3-5] /all 엔드포인트 결과 화면

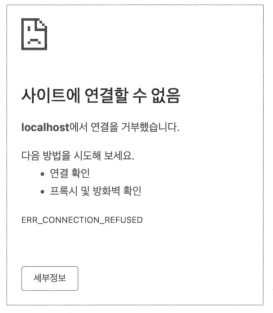

[그림 3-6] 서버가 닫혀있을 경우 에러 메시지

그리고 /all 엔드포인트는 10개의 영화에 대해 랜덤하게 결과를 반환하도록 만들었기 때문에, 새로고침을 할 때마다 새로운 영화 데이터가 출력됩니다.

3.3. /genres 엔드포인트

이제 /all 엔드포인트와 비슷하지만 같은 장르(genre)의 영화만 보여주도록 /genres 엔드포인트를 구현해봅시다. /all 엔드포인트와 마찬가지로 랜덤하게 아이템을 반환하게 만들어야 하기 때문에 sample 함수를 사용하는 것은 동일합니다. 다만 그 전에 genres 컬럼에 있는 이름을 이용해서 영화데이터를 필터링한 후에 랜덤한 아이템을 반환합니다.

resolver.py 파일을 아래 코드로 수정합니다.

```python
import pandas as pd

item_fname = 'data/movies_final.csv'

def random_items():
    movies_df = pd.read_csv(item_fname)
    movies_df = movies_df.fillna('') # 공백을 채워줍니다.
    result_items = movies_df.sample(n=10).to_dict("records")
    return result_items

def random_genres_items(genre):
    movies_df = pd.read_csv(item_fname)
    genre_df = movies_df[movies_df['genres'].apply(lambda x: genre in x.lower())]
    genre_df = genre_df.fillna('') # 공백을 채워줍니다.
    result_items = genre_df.sample(n=10).to_dict("records")
    return result_items
```

그리고 main.py 파일은 아래 코드로 수정합니다.

```python
from typing import List, Optional
from fastapi import FastAPI, Query
from resolver import random_items, random_genres_items
from fastapi.middleware.cors import CORSMiddleware


app = FastAPI()
```

```python
@app.get("/all/")
async def all_movies():
    result = random_items()
    return {"result": result}


@app.get("/genres/{genre}")
async def genre_movies(genre: str):
    result = random_genres_items(genre)
    return {"result": result}


@app.get("/user-based/")
async def user_based(params: Optional[List[str]] = Query(None)):
    return {"message": "user based"}


@app.get("/item-based/{item_id}")
async def item_based(item_id: str):
    return {"message": f"item based: {item_id}"}
```

random_items 함수와 다르게 random_genres_items 함수는 genre를 input으로 받도록 만듭니다. 그래야 장르 이름이 들어왔을 때, 그에 따른 처리를 할 수 있게 됩니다.

genre_df(random_genres_items 함수 안의 pandas 객체)를 만드는 람다함수를 보면, input으로 받은 genre가 기존 movies_df에 있는 genres 컬럼 안에 포함되는지 안 되는지를 판별합니다. in 함수가 그 역할을 하는데, 예를 들어 'nan' in 'banana'는 True 값을 반환합니다. 반면, 'bnn' in 'banana'는 False 값을 반환합니다.

movies_final.csv 파일에서 genres 컬럼을 살펴보면, Adventure | Animation | Children | Comedy | Fantasy 같은 방식으로 장르가 들어가 있는 것을 확인할 수 있습니다. | 를 기준으로 나눠서 일일이 검색할 수도 있겠지만 어차피 str 자료형으로 비교가 가능하므로, in 함수를 이용해서 글자가 포함되는지 여부만 판별해주면 원하는 장르별 영화를 반환할 수 있습니다.

코드가 제대로 작동하는지 comedy와 action, 두 가지 장르로 테스트해봅시다.

http://localhost:8000/genres/comedy를 먼저 확인해봅시다.

```
{
  ▼ "result": [
    ▼ {
        "movieId": 110586,
        "title": "Calvary (2014)",
        "genres": "Comedy|Drama",
        "imdbId": 2234003,
        "tmdbId": 157832,
        "url": "http://www.imdb.com/title/tt2234003/",
        "rating_count": 1,
        "rating_avg": 4,
        "poster_path": "https://image.tmdb.org/t/p/original/jzgiaml8I0gR20LB8BAE5u4dIdm.jpg"
      },
    ▼ {
        "movieId": 7354,
        "title": "Mad Dog and Glory (1993)",
        "genres": "Comedy|Drama|Romance",
        "imdbId": 107473,
        "tmdbId": 10433,
        "url": "http://www.imdb.com/title/tt0107473/",
        "rating_count": 3,
        "rating_avg": 3.333333333333333,
        "poster_path": "https://image.tmdb.org/t/p/original/wmgmTe9uQ5mtudN6e4IVEGvSqg1.jpg"
      },
```

[그림 3-7] /genres/comedy 결과 화면

다음으로 http://localhost:8000/genres/action를 확인해봅시다.

```
{
  ▼ "result": [
    ▼ {
        "movieId": 10,
        "title": "GoldenEye (1995)",
        "genres": "Action|Adventure|Thriller",
        "imdbId": 113189,
        "tmdbId": 710,
        "url": "http://www.imdb.com/title/tt0113189/",
        "rating_count": 132,
        "rating_avg": 3.496212121212121,
        "poster_path": "https://image.tmdb.org/t/p/original/bFzjdy6ucvNlXmJwoSoYfufV6lP.jpg"
      },
    ▼ {
        "movieId": 56801,
        "title": "AVPR: Aliens vs. Predator - Requiem (2007)",
        "genres": "Action|Horror|Sci-Fi",
        "imdbId": 758730,
        "tmdbId": 440,
        "url": "http://www.imdb.com/title/tt0758730/",
        "rating_count": 6,
        "rating_avg": 2.583333333333333,
        "poster_path": "https://image.tmdb.org/t/p/original/jCyJNlvj8jqJJ0vNw4hDH2KlySO.jpg"
      },
```

[그림 3-8] /genres/action 결과 화면

두 가지 모두 해당하는 장르의 영화가 잘 출력되는 것을 확인할 수 있습니다. /all 엔드포인트와 마찬가지로 장르별 영화의 경우에도 sample 함수를 사용했기 때문에 새로고침 할 때마다 다른 영화들이 보여지게 됩니다.

총 4개의 엔드포인트 중 2개를 완성했습니다. 이제 4장에서는 추천 시스템에 대해 이해해보고, 추천 엔진을 이용해서 영화 기반 추천, 유저 기반 추천 데이터를 얻는 방법을 배워보겠습니다.

4장

추천 목록 조회하기

4장 / 추천 목록 조회하기

현대의 추천 시스템은 딥러닝의 발전에 힘입어 엄청난 속도로 발전을 거듭하고 있습니다. 또한 학계의 연구 결과로만 있는 게 아닌 실제 비즈니스 환경에서도 엄청난 기여를 하고 있다는 것이 데이터로 증명되고 있습니다. 그렇기 때문에 추천 시스템의 기본 원리를 이해하고 구현하는 것은 개발자의 비즈니스적 가치를 높이는 방법 중 하나가 될 것입니다. 4장에서는 implicit라는 파이썬 패키지를 이용해서 간단한 추천 엔진을 학습시켜보고, 학습된 추천 엔진을 통해서 영화 기반의 추천, 그리고 유저 평점 기반의 추천을 해봅시다.

4.1. implicit 패키지 소개 및 설치하기

implicit[11] 패키지는 다양한 머신러닝 기법을 이용해서 추천 엔진을 만들 수 있게 해주는 파이썬 패키지입니다. 딥러닝을 이용하지는 않지만, 추천 시스템의 기본 원리를 이해하고 간단한 수준의 추천 시스템을 만들기에는 충분합니다.

터미널에 아래 명령어를 입력하여 implicit 패키지를 설치합니다.

```
$ pip install implicit
```

아래 출력 결과와 같이 메시지가 출력되면 설치 성공입니다.

```
(venv) $ pip install implicit
Collecting implicit
  Downloading implicit-0.6.0-cp39-cp39-macosx_11_0_arm64.whl (659 kB)

659.1/659.1 KB 1.5 MB/s eta 0:00:00
Collecting scipy>=0.16
```

---

11. https://implicit.readthedocs.io/en/latest/quickstart.html

```
 Using cached scipy-1.9.0-cp39-cp39-macosx_12_0_arm64.whl (29.9 MB)
Requirement already satisfied: numpy in /Users/dq/dq-dev/fullstack-api/venv/lib/
python3.9/site-packages (from implicit) (1.23.1)
Requirement already satisfied: tqdm>=4.27 in /Users/dq/dq-dev/fullstack-api/venv/
lib/python3.9/site-packages (from implicit) (4.64.0)
Installing collected packages: scipy, implicit
Successfully installed implicit-0.6.0 scipy-1.9.0
```

implicit 패키지를 설치했다면, 4.2절에서 본격적으로 추천 엔진을 학습시켜봅시다.

4.2. 추천 엔진 학습시키기

추천 엔진을 학습시키고 그 결과를 /item-based, /user-based 엔드포인트로 보내주기 위해서 recommender.py라는 파일을 만들어보겠습니다. 또한 model이 학습된 후 저장될 수 있도록 model 이라는 폴더도 함께 만들어봅시다.

[그림 4-1] model 폴더, recommender.py 파일을 추가한 후의 폴더 구조

recommender.py 파일에 아래 코드를 작성합니다.

```python
import pandas as pd
import numpy as np
from scipy.sparse import coo_matrix
from implicit.als import AlternatingLeastSquares
import pickle
```

```python
saved_model_fname = "model/finalized_model.sav"
data_fname = "data/ratings.csv"
item_fname = "data/movies_final.csv"
weight = 10


def model_train():
    ratings_df = pd.read_csv(data_fname)
    ratings_df["userId"] = ratings_df["userId"].astype("category")
    ratings_df["movieId"] = ratings_df["movieId"].astype("category")


    # create a sparse matrix of all the users/repos
    rating_matrix = coo_matrix(
        (
            ratings_df["rating"].astype(np.float32),
            (
                ratings_df["movieId"].cat.codes.copy(),
                ratings_df["userId"].cat.codes.copy(),
            ),
        )
    )


    als_model = AlternatingLeastSquares(
        factors=50, regularization=0.01, dtype=np.float64, iterations=50
    )


    als_model.fit(weight * rating_matrix)


    pickle.dump(als_model, open(saved_model_fname, "wb"))
    return als_model


if __name__ == "__main__":
    model = model_train()
```

갑자기 코드의 난이도가 급상승해서 당황하셨나요? 코드를 직접 짜야한다고 겁먹을 필요는 없습니다. implicit의 공식 docs에도 나와있는 패키지를 사용하기 위한 일반적인 코드이기 때문입니다.

model_train 함수는 이름에서 유추할 수 있듯이 ratings 데이터를 이용해서 추천 엔진(=model)을 학습시키는 함수입니다. 코드를 한 줄 한 줄 천천히 뜯어보면 그리 어려운 코드는 아닙니다. 먼저, userId와 movieId를 category라는 데이터 형태로 변환해줍니다. 따라서 userId와 movieId를 category라는 데이터 형태로 변환해줍니다.

coo_matrix 부분이 처음 보면 이해하기 어려울 수 있습니다. 그림 4-2 scipy의 coo_matrix 함수 예시[12]를 천천히 살펴보면 이해하는 데 도움이 될 것입니다.

```
>>> # Constructing a matrix using ijv format
>>> row  = np.array([0, 3, 1, 0])
>>> col  = np.array([0, 3, 1, 2])
>>> data = np.array([4, 5, 7, 9])
>>> coo_matrix((data, (row, col)), shape=(4, 4)).toarray()
array([[4, 0, 9, 0],
       [0, 7, 0, 0],
       [0, 0, 0, 0],
       [0, 0, 0, 5]])
```

[그림 4-2] coo_matrix 예시

쉽게 말해, 어떤 유저가 어떤 영화에 얼마의 평점(rating)을 주었는지를 행렬 형태로 표현해주는 함수라고 생각하면 됩니다. 그림 4-2의 row에 해당하는 값이 movieId가 되는 것이고, col에 해당하는 값이 userId가 되는 것입니다. 그리고 data에 해당하는 값이 rating입니다.

이건 implicit 패키지에서 요구하는 데이터의 형태이기 때문에 코드가 이해되지 않더라도 그냥 사용하면 됩니다. 중요한 부분은 추천 엔진을 학습하는 부분이니까요.

als_model을 생성하는 부분의 코드를 보면 factors, regularization, dtype, iteration의 변수를 조정할 수 있도록 코드가 짜여 있는 것을 알 수 있습니다.

각 변수가 어떤 역할을 하는지 알아봅시다. factors는 latent factor의 개수로, latent factor는 기준이라고 생각하면 쉽습니다. 이 숫자가 클수록 기준의 개수가 많아지고, 그러면 다양한 사람들의 취향을 반영할 수 있다는 뜻이 됩니다. 반면 단점으로는 오버피팅(overfitting)이라고 하는 과적합이 발생할 가능성이 높아집니다. 과적합이 일어날 경우, 학습한 데이터에 대해서는 아주 정확한 결과를 보여주지만 학습하지 않은 데이터에 대해서는 매우 좋지 않은 결과를 보이기 때문에 피해야 할 문제 중 하나입니다.

---

12. https://docs.scipy.org/doc/scipy/reference/generated/scipy.sparse.coo_matrix.html

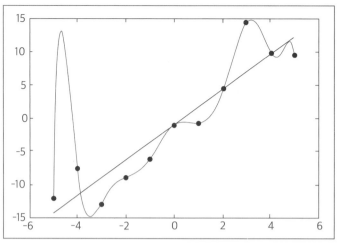

[그림 4-3] 오버피팅(과적합) 예시

이러한 과적합을 방지하기 위해 사용되는 변수가 regularization입니다. regularization 숫자가 클수록 과적합을 막을 수 있으나, 역시 마찬가지로 너무 큰 값을 넣을 경우에는 추천의 정확도가 떨어질 확률이 높아집니다. dtype의 경우, 현재 설정되어 있는 np.float64를 사용하면 됩니다. rating의 데이터 형식이 float이기 때문에 동일하게 맞춰주는 것입니다.

마지막으로 iterations는 학습을 통해 parameter의 업데이트를 몇 번 할 것인지를 나타낸다고 생각하면 됩니다. 일반적으로 iteration의 횟수도 많을수록 과적합이 될 가능성이 높지만, 현재 코드에 설정되어 있는 변수들은 사용하고 있는 무비렌즈 small 데이터셋에 맞추어 어느 정도 설정해 놓은 변수 값들이기 때문에 그대로 사용해도 무방합니다. Collaborative Filtering 기반의 추천 시스템에 대해 더 깊이 이해하고 싶다면 변수에 여러 가지 값을 넣어서 실험을 해보는 것도 재미있는 과정이 될 것이라 생각합니다.

그럼, 앞의 코드를 다음 명령어로 실행해봅시다.

```
$ mkdir model && python recommender.py
```

정상적으로 실행된다면 아래 그림과 같은 결과가 출력됩니다.

```
> python recommender.py
WARNING:root:OpenBLAS detected. Its highly recommend to set the environment variable 'export OPENBLAS_NUM_THR
EADS=1'.to disable its internal multithreading
100%|                                                        | 50/50 [00:06<00:00,  7.28it/s]
```

[그림 4-4] 추천 엔진 학습 완료 메시지

추천 엔진이 학습되면 model 폴더 안에 finalized_model.sav라는 모델 파일이 생긴 것을 확인할 수 있습니다.

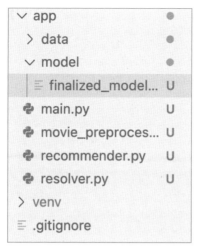

[그림 4-5] 학습된 추천 모델이 저장된 후의 폴더 구조

이제 학습된 모델을 사용해서 /item-based, /user-based 엔드포인트에 적절한 추천 결과를 반환하는 함수를 만들어봅시다.

4.3. /item-based 엔드포인트

implicit 패키지는 아이템을 기준으로 비슷한 아이템을 추천해주는 함수를 이미 가지고 있습니다. 바로 similar_items 함수입니다. 이 함수를 사용해서 /item-based 엔드포인트에 특정 영화와 비슷한 아이템을 추천하는 로직을 작성해봅시다. 여기서 주의해야 할 점은 "비슷하다"라는 정의입니다. Collaborative Filtering 기반의 추천 시스템에서는 유저-아이템 간의 상호작용을 가지고 "비슷하다"를 판별합니다. 즉, 아이언맨을 좋아하는 대부분의 유저가 슈렉을 좋아한다고 했을 때, 아이언맨과 슈렉 영화의 메타데이터(장르, 출시연도, 제목 등)가 유사하지 않더라도 CF 기반의 추천 시스템에서는 이를 비슷하다고 판단하는 것입니다. 반대로 Content-Based Filtering 기반의 추천 시스템은 아이템의 가격, 판매자, 카테고리 등과 같은 메타데이터를 기반으로 비슷한 아이템을 추천해줍니다. 이 절에서 구현하는 것은 Collaborative Filtering 기반의 추천 시스템이므로 개념을 혼동하지 않길 바랍니다.

recommender.py 파일에 아래와 같이 함수를 추가합니다.

```python
import pandas as pd
import numpy as np
from scipy.sparse import coo_matrix
from implicit.als import AlternatingLeastSquares
```

```python
import pickle
saved_model_fname = "model/finalized_model.sav"
data_fname = "data/ratings.csv"
item_fname = "data/movies_final.csv"
weight = 10


def model_train():
    ratings_df = pd.read_csv(data_fname)
    ratings_df["userId"] = ratings_df["userId"].astype("category")
    ratings_df["movieId"] = ratings_df["movieId"].astype("category")


    # create a sparse matrix of all the users/repos
    rating_matrix = coo_matrix(
        (
            ratings_df["rating"].astype(np.float32),
            (
                ratings_df["movieId"].cat.codes.copy(),
                ratings_df["userId"].cat.codes.copy(),
            ),
        )
    )


    als_model = AlternatingLeastSquares(
        factors=50, regularization=0.01, dtype=np.float64, iterations=50
    )


    als_model.fit(weight * rating_matrix)


    pickle.dump(als_model, open(saved_model_fname, "wb"))
    return als_model


def calculate_item_based(item_id, items):
    loaded_model = pickle.load(open(saved_model_fname, "rb"))
```

```
        recs = loaded_model.similar_items(itemid=int(item_id), N=11)
    return [str(items[r]) for r in recs[0]]


def item_based_recommendation(item_id):
    ratings_df = pd.read_csv(data_fname)
    ratings_df["userId"] = ratings_df["userId"].astype("category")
    ratings_df["movieId"] = ratings_df["movieId"].astype("category")
    movies_df = pd.read_csv(item_fname)

    items = dict(enumerate(ratings_df["movieId"].cat.categories))
    try:
        parsed_id = ratings_df["movieId"].cat.categories.get_loc(int(item_id))
        # parsed_id는 기존 item_id와는 다른 모델에서 사용하는 id입니다.
        result = calculate_item_based(parsed_id, items)
    except KeyError as e:
        result = []
    result = [int(x) for x in result if x != item_id]
    result_items = movies_df[movies_df["movieId"].isin(result)].to_dict("records")
    return result_items


if __name__ == "__main__":
    model = model_train()
```

새로 추가된 함수는 calculate_item_based와 item_based_recommendation입니다. calculate_item_based라는 함수는 모델에 itemId를 입력하고, 가장 비슷한 11개의 영화를 결과로 반환하는 함수입니다. 여기서 11개로 설정한 이유는 자기 자신이 가장 유사도가 높은 것으로 나오기 때문에, 첫 번째 결과를 제외하고 10개의 결과를 얻기 위함입니다. 앞선 /all 엔드포인트처럼 원하는 숫자가 있다면 자유롭게 변경해도 좋습니다.

item_based_recommendation은 DQFLEX에서 원하는 데이터 형태를 모두 받을 수 있도록 변환해주는 함수입니다. calculate_item_based에서는 가장 비슷한 영화의 movieId만을 출력하기 때문에(그림 4-6 참조), 클라이언트에서 원하는 정보를 모두 표시하려면 movieId 외에 title, genres 등 movies_final.csv 파일에 있는 정보를 함께 반환해주어야 합니다(그림 4-6은 이해를 돕기 위해 필자가 출력한 값으로, 독자 여러분의 코드에서는 실행되지 않는 값입니다).

```
calculate_item_based returns :
['19', '410', '344', '432', '153', '104', '231', '2', '586', '2012', '784']
INFO:      127.0.0.1:64414 - "GET /item-based/19 HTTP/1.1" 200 OK
```

[그림 4-6] calculate_item_based 함수 출력 예시

따라서 movies_final.csv 파일을 데이터프레임으로 불러온 후에 movieId를 기준으로 필터링을 거쳐 완전한 데이터를 제공해줍니다.

```
item_based_recommendation returns :
[{'movieId': 2, 'title': 'Jumanji (1995)', 'genres': 'Adventure|Children|Fantasy', 'imdbId': 113497,
'tmdbId': 8844.0, 'url': 'http://www.imdb.com/title/tt0113497/', 'rating_count': 110, 'rating_avg': 3.
4318181818181817, 'poster_path': 'https://image.tmdb.org/t/p/original/6aGn2X51bahFoOI8wE1h2VGTgcH.jpg'
}, {'movieId': 104, 'title': 'Happy Gilmore (1996)', 'genres': 'Comedy', 'imdbId': 116483, 'tmdbId': 9
614.0, 'url': 'http://www.imdb.com/title/tt0116483/', 'rating_count': 99, 'rating_avg': 3.439393939393
9394, 'poster_path': 'https://image.tmdb.org/t/p/original/4RnCeRzvI1xk5tuNWjpDKzSnJDk.jpg'}, {'movieId
': 153, 'title': 'Batman Forever (1995)', 'genres': 'Action|Adventure|Comedy|Crime', 'imdbId': 112462,
'tmdbId': 414.0, 'url': 'http://www.imdb.com/title/tt0112462/', 'rating_count': 137, 'rating_avg': 2.
916058394160584, 'poster_path': 'https://image.tmdb.org/t/p/original/mzzNBVwTiiY94xAXDMWJpNPW2US.jpg'}
, {'movieId': 231, 'title': 'Dumb & Dumber (Dumb and Dumber) (1994)', 'genres': 'Adventure|Comedy', 'i
mdbId': 109686, 'tmdbId': 8467.0, 'url': 'http://www.imdb.com/title/tt0109686/', 'rating_count': 133,
'rating_avg': 3.0601503759398496, 'poster_path': 'https://image.tmdb.org/t/p/original/4LdpBXiCyGKkR8FG
HgjKlphrfUc.jpg'}, {'movieId': 344, 'title': 'Ace Ventura: Pet Detective (1994)', 'genres': 'Comedy',
'imdbId': 109040, 'tmdbId': 3049.0, 'url': 'http://www.imdb.com/title/tt0109040/', 'rating_count': 161
, 'rating_avg': 3.040372670807453, 'poster_path': 'https://image.tmdb.org/t/p/original/pqiRuETmuSybfnV
Z7qyeoXhQyN1.jpg'}, {'movieId': 410, 'title': 'Addams Family Values (1993)', 'genres': 'Children|Comed
```

[그림 4-7] item_based_recommendation 함수 출력 예시

그럼 이제 main.py 파일에 /item-based 엔드포인트를 고쳐서 실제 브라우저에서 작동하는지 확인해 봅시다.

```python
from typing import List, Optional

from fastapi import FastAPI, Query

from recommender import item_based_recommendation

from resolver import random_items, random_genres_items


app = FastAPI()


@app.get("/")

async def root():

    return {"message": "Hello World"}


@app.get("/all/")

async def all_movies():

    result = random_items()
```

```python
    return {"result": result}


@app.get("/genres/{genre}")
async def genre_movies(genre: str):

    result = random_genres_items(genre)

    return {"result": result}


@app.get("/user-based/")
async def user_based(params: Optional[List[str]] = Query(None)):

    return {"message": "user based"}


@app.get("/item-based/{item_id}")
async def item_based(item_id: str):

    result = item_based_recommendation(item_id)

    return {"result": result}
```

main.py 파일을 위 코드와 같이 수정한 후에 /item-based 엔드포인트로 접속합니다. 2번 영화인 Jumanji와 비슷한 영화를 추천받아 보려면 http://localhost:8000/item-based/2로 이동합니다. 그러면 그림 4-8과 같은 결과를 확인할 수 있습니다.

```json
{
  "result": [
    {
      "movieId": 19,
      "title": "Ace Ventura: When Nature Calls (1995)",
      "genres": "Comedy",
      "imdbId": 112281,
      "tmdbId": 9273,
      "url": "http://www.imdb.com/title/tt0112281/",
      "rating_count": 88,
      "rating_avg": 2.727272727272727,
      "poster_path": "https://image.tmdb.org/t/p/original/wcinCflov2D6M3P7BBZkzQFOiIb.jpg"
    },
    {
      "movieId": 158,
      "title": "Casper (1995)",
      "genres": "Adventure|Children",
      "imdbId": 112642,
      "tmdbId": 8839,
      "url": "http://www.imdb.com/title/tt0112642/",
      "rating_count": 62,
      "rating_avg": 2.806451612903226,
      "poster_path": "https://image.tmdb.org/t/p/original/2ah8fNJFZVU3vcXhU5xfAYi2eym.jpg"
    },
```

[그림 4-8] /item-based/2 추천 결과

검증 차원에서 19번 영화인 Ace Ventura의 추천 결과도 확인해봅시다. 2번 Jumanji가 있을 가능성이 높을 것으로 예상됩니다.

```
{
  "result": [
    {
      "movieId": 2,
      "title": "Jumanji (1995)",
      "genres": "Adventure|Children|Fantasy",
      "imdbId": 113497,
      "tmdbId": 8844,
      "url": "http://www.imdb.com/title/tt0113497/",
      "rating_count": 110,
      "rating_avg": 3.4318181818181817,
      "poster_path": "https://image.tmdb.org/t/p/original/6aGn2X51bahFoOI8wE1h2VGTgcH.jpg"
    },
```

[그림 4-9] /item-based/19 추천 결과

역시 2번이 가장 높은 추천 순위를 받았네요. 실제 업무에서는 이렇게 CF 기반의 추천에 필터를 추가하는 방식으로 유저에게 조금 더 좋은 추천 결과를 제공합니다. 예를 들어 장르가 Fantasy인 영화에서 item-based 추천 결과를 보여줄 때, 1차적으로 CF 기반의 추천 엔진 결과를 가지고 2차적으로 장르가 Fantasy인 영화만 보여주는 등의 방식입니다. 같은 데이터를 갖고 있더라도 어떤 방식으로 조합해서 추천 결과를 보여주는지에 따라 서비스의 성공이 크게 좌우됩니다. 좋은 서비스라면 이런 부분을 세밀히 관찰하여 최고의 유저 경험을 만들기 위해 노력할 것입니다.

4.4. /user-based 엔드포인트

마지막으로 /user-based 엔드포인트에서는 유저의 평점을 기반으로 한 추천 결과를 보여줍니다. DQFLEX에서 유저는 각 영화의 평점을 매길 수 있는데, 평점을 매길 때마다 Recommend For You 탭에 있는 추천 영화가 바뀌게 됩니다. 그렇다면 만약 평점을 여러 개의 영화에 대해 매긴다면 어떻게 input을 받아야 수월하게 처리할 수 있을지 고민해봅시다.

/item-based의 경우는 하나의 영화에 대한 결과만을 보내주면 되기 때문에 /item-based/{itemId} 형태로만 구성한다면 의미상으로도 잘 맞았습니다. 하지만 /user-based의 경우 어떤 영화에 대해 몇점의 평점을 주었는지 전달해주어야 하고, 하나의 평점만 있는 게 아닌 여러 개의 평점이 존재할 수도 있기 때문에 이 정보를 온전히 전달해줄 수 있는 방법이 필요합니다. 이럴 때 사용할 수 있는 방법 중하나가 URL parameter 입니다. 구글에서 something이라는 단어를 검색하고 주소창을 보면 https://www.google.com/search?q=something&newwindow=1&sxsrf=AOaemvKhpEd9MoP4PO2jJDu1Os3PuF8UvA%3A1640082070839와 같이 물음표 뒤에 매우 많은 문자가 들어있는 것을 볼 수 있습니다. URL에서 물음표 뒤에 오는 값들을 URL parameter라고 하며, 이는 &로 연결되어 key=value

형태로 서버에 요청을 보내게 됩니다.

이 방식을 이용하면 /user-based 엔드포인트에서 평점에 대한 정보를 받을 수 있습니다.

```python
import pandas as pd
import numpy as np
from scipy.sparse import coo_matrix
from implicit.als import AlternatingLeastSquares
import pickle


saved_model_fname = "model/finalized_model.sav"
data_fname = "data/ratings.csv"
item_fname = "data/movies_final.csv"
weight = 10


…
기존 코드 생략
…


def calculate_user_based(user_items, items):
    loaded_model = pickle.load(open(saved_model_fname, "rb"))
    recs = loaded_model.recommend(
        userid=0, user_items=user_items, recalculate_user=True, N=10
    )
    return [str(items[r]) for r in recs[0]]

def build_matrix_input(input_rating_dict, items):
    model = pickle.load(open(saved_model_fname, "rb"))
    # input rating list : {1: 4.0, 2: 3.5, 3: 5.0}

    item_ids = {r: i for i, r in items.items()}
    mapped_idx = [item_ids[s] for s in input_rating_dict.keys() if s in item_ids]
    data = [weight * float(x) for x in input_rating_dict.values()]
    rows = [0 for _ in mapped_idx]
```

```
        shape = (1, model.item_factors.shape[0])
        return coo_matrix((data, (rows, mapped_idx)), shape=shape).tocsr()


def user_based_recommendation(input_ratings):
    ratings_df = pd.read_csv(data_fname)
    ratings_df["userId"] = ratings_df["userId"].astype("category")
    ratings_df["movieId"] = ratings_df["movieId"].astype("category")
    movies_df = pd.read_csv(item_fname)


    items = dict(enumerate(ratings_df["movieId"].cat.categories))
    input_matrix = build_matrix_input(input_ratings, items)
    result = calculate_user_based(input_matrix, items)
    result = [int(x) for x in result]
    result_items = movies_df[movies_df["movieId"].isin(result)].to_dict("records")
    return result_items


if __name__ == "__main__":
    model = model_train()
```

전체 코드가 너무 길어 4.3절까지 다룬 내용은 생략하고 새로 추가된 코드만 기술하였습니다.

calculate_item_based 함수에서 similar_items 함수를 사용하여 연관 아이템을 추천한 것과 비슷하게, 유저 기반의 추천을 위한 함수가 implicit 패키지에서 제공됩니다. calculate_user_based에서는 recommend라는 함수를 사용하면 유저 기반의 추천이 가능합니다. 4.3절과 다른 점은 build_matrix_input이라는 함수를 이용해서 user input을 정의해주어야 한다는 점입니다. 이 부분의 input으로 받는 형태는 {1: 4.5, 2:4.0}과 같이 python dictionary 형태로 받게 되는데, 그 이유는 recommend 함수에서 필요한 데이터 형태는 user-item 간의 coo_matrix이기 때문입니다. 만약 build_matrix_input에 대해서 이해가 되지 않는다면, 일종의 데이터 변환이라는 정도만 이해하고 코드를 복사해서 사용하면 됩니다. 그리고 아래 코드와 같이 main.py 파일의 내용을 변경합니다.

```
from typing import List, Optional
from fastapi import FastAPI, Query
from recommender import item_based_recommendation, user_based_recommendation
from resolver import random_items, random_genres_items
```

```python
app = FastAPI()


@app.get("/")
async def root():
    return {"message": "Hello World"}


@app.get("/all/")
async def all_movies():
    result = random_items()
    return {"result": result}


@app.get("/genres/{genre}")
async def genre_movies(genre: str):
    result = random_genres_items(genre)
    return {"result": result}


@app.get("/user-based/")
async def user_based(params: Optional[List[str]] = Query(None)):
    input_ratings_dict = dict(
        (int(x.split(":")[0]), float(x.split(":")[1])) for x in params
    )
    result = user_based_recommendation(input_ratings_dict)
    return {"result": result}


@app.get("/item-based/{item_id}")
async def item_based(item_id: str):
    result = item_based_recommendation(item_id)
    return {"result": result}
```

/user-based 엔드포인트 부분을 보면, 다른 엔드포인트와 다르게 input의 형태가 Optional[List[str]]
이라는 생소한 형태입니다. 이는 FastAPI에서 url parameter를 사용하기 위한 기본적인 형태라고 이
해하면 됩니다. 만약 http://localhost:8000/user-based/?params=1:4.5&params=2:5라는 URL로
접근한다고 하면 FastAPI는 params를 ["1:4.5", "2:5"]라는 리스트의 형태로 반환할 것입니다. 이를
user_based_recommendation 함수에서 다루기 쉽도록 변환한 것이 input_ratings_dict 변수입니다.

그럼 이렇게 변경한 코드를 이용해 결과가 제대로 출력되는지 확인해봅시다. movies_final.csv 파일에서 matrix 시리즈를 찾아 아래 2개의 영화에 대해 평점 5점을 주고 어떤 결과가 나오는지 다음 코드로 확인해보도록 합시다.

```
2571,"Matrix, The (1999)"
6365,"Matrix Reloaded, The (2003)"
```

```
http://localhost:8000/user-based/?params=2571:5&params=6365:5
```

```
{
  "result": [
    {
      "movieId": 3578,
      "title": "Gladiator (2000)",
      "genres": "Action|Adventure|Drama",
      "imdbId": 172495,
      "tmdbId": 98,
      "url": "http://www.imdb.com/title/tt0172495/",
      "rating_count": 170,
      "rating_avg": 3.9382352941176473,
      "poster_path": "https://image.tmdb.org/t/p/original/ty8TGRuvJLPUmARlH1nRIsgwvim.jpg"
    },
    {
      "movieId": 3996,
      "title": "Crouching Tiger, Hidden Dragon (Wo hu cang long) (2000)",
      "genres": "Action|Drama|Romance",
      "imdbId": 190332,
      "tmdbId": 146,
      "url": "http://www.imdb.com/title/tt0190332/",
      "rating_count": 110,
      "rating_avg": 3.836363636363637,
      "poster_path": "https://image.tmdb.org/t/p/original/vaSWLQPvpqNHVgzlWLxWWKsAIHE.jpg"
    },
    {
      "movieId": 4226,
      "title": "Memento (2000)",
      "genres": "Mystery|Thriller",
      "imdbId": 209144,
      "tmdbId": 77,
      "url": "http://www.imdb.com/title/tt0209144/",
      "rating_count": 159,
      "rating_avg": 4.122641509433962,
      "poster_path": "https://image.tmdb.org/t/p/original/yuNs09hvpHVU1cBTCAk9zxsL2oW.jpg"
    },
    {
      "movieId": 4306,
      "title": "Shrek (2001)",
      "genres": "Adventure|Animation|Children|Comedy|Fantasy|Romance",
      "imdbId": 126029,
      "tmdbId": 808,
      "url": "http://www.imdb.com/title/tt0126029/",
      "rating_count": 170,
      "rating_avg": 3.8676470588235294,
      "poster_path": "https://image.tmdb.org/t/p/original/iB64vpL3dIObOtMZgX3RqdVdQDc.jpg"
    },
```

[그림 4-10] /user-based 추천 결과

어떤가요? 나름 비슷한 시기에 적당히 흥행했던 작품들이 나온 것 같습니다. 평가가 많은 작품들에 대해서는 추천의 정확도가 높아지는데, small 데이터셋이기도 하고 평가의 개수가 작품에 따라서 다르기 때문에 납득하기 어려운 추천 결과가 나올 수도 있습니다. 참고로 실무에서는 평가가 너무 적어서 정확하지 않은 결과가 나오는 것을 방지하기 위해 평가의 개수가 몇 개 이상인 경우에만 추천 결과에 반영되도록 만드는 경우도 있습니다. 처음으로 추천 엔진을 이용해서 추천의 결과를 받아보니 어떤가요? movies_final.csv 파일에서 아는 영화들을 찾아서 params에 넣고 나에게 어떤 영화가 추천되는지 확인하면서 여러분이 만든 첫 번째 추천 시스템을 즐겨보세요. 이렇게 DQFLEX에서 사용할 모든 엔드포인트를 완성했고, 이어질 5장과 6장에서는 백엔드 서버를 AWS에 배포하여 어디에서나 접근이 가능하도록 만들어보도록 합시다.

5장

AWS 서버 환경
만들기 - EC2

5장 / AWS 서버 환경 만들기 - EC2

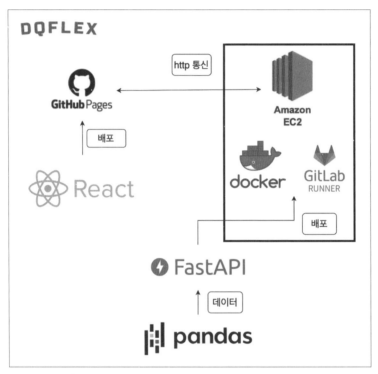

[그림 5-1] 전체 프로젝트 구조 중 5장 'AWS 서버 환경 만들기' 단계의 위치

4장까지의 내용만으로도 핵심적인 기능에 대해서는 배웠다고 생각할 수 있습니다. 실제로 주니어 개발자 포지션으로 회사에 지원한 분들의 이력서와 포트폴리오를 보면 실제 서비스가 아닌 localhost에서만 실행되는 코드가 많습니다. 하지만 제품을 총괄하는 개발자가 되고 싶다면 5장부터 7장까지 이어지는 DevOps 파트도 눈여겨 봐 두는 것이 좋습니다.

5장에서는 AWS 회원가입 후에 무료로 제공되는 EC2 인스턴스를 만들고, EC2에 배포가 가능한 환경을 세팅하는 절차까지 배워보겠습니다.

5.1. AWS 회원가입

먼저 아래 링크를 통해 AWS에 회원가입을 합니다. 기존에 AWS 계정을 가지고 있다면 5.1절을 건너뛰어도 됩니다.

- https://portal.aws.amazon.com/billing/signup#/start

다음 그림과 같은 화면이 나오면 이메일과 비밀번호, 계정 이름을 입력하고 Continue 버튼을 클릭합니다.

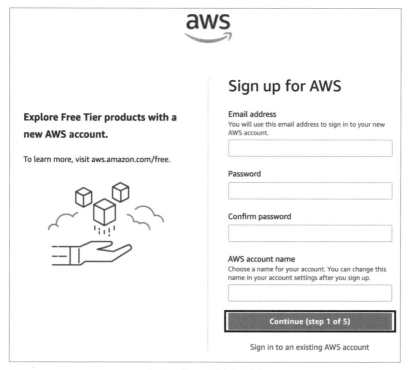

[그림 5-2] AWS 회원가입 화면

그다음으로 Business와 Personal 중 Personal을 선택하고, 필요한 정보를 입력한 후에 Continue 버튼을 클릭합니다.

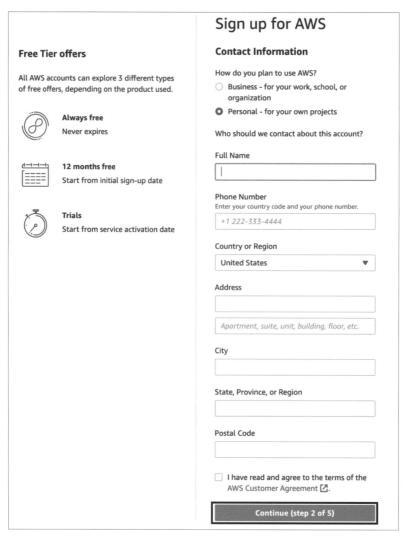

[그림 5-3] Contact Information 화면

결제 카드 정보를 입력한 후 Verify and Continue 버튼을 클릭합니다. AWS에서 무료로 제공하는 Free tier 이하로 사용할 경우 카드에서 과금이 되지 않으므로 걱정하지 않아도 됩니다. 과금이 걱정된다면 실습 후에 AWS 계정을 삭제하는 것도 하나의 방법입니다.

[그림 5-4] Billing Information 화면

SMS를 받을 휴대전화 번호를 입력하고 Send SMS 버튼을 눌러 본인 인증을 해줍니다.

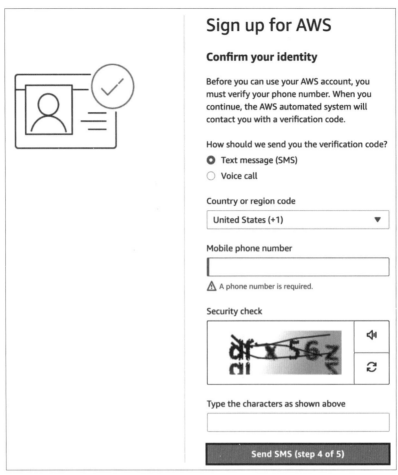

[그림 5-5] SMS 인증 화면

그다음 SMS로 발송된 인증코드를 입력합니다.

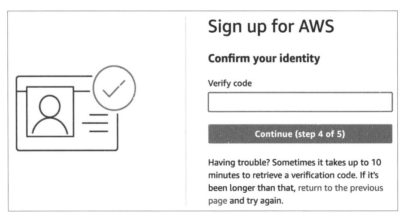

[그림 5-6] 본인 인증 코드 입력 화면

여러 플랜 중 Free인 Basic support를 선택하고 Complete sign up을 클릭합니다.

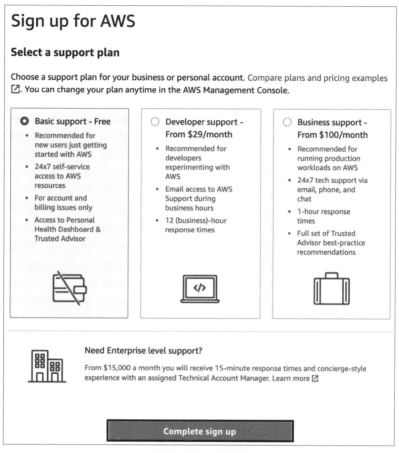

[그림 5-7] Plan 선택 화면

이렇게 화면이 나타나면 정상적으로 회원가입이 된 것입니다. 조금 기다리면 입력했던 이메일 주소로
계정이 준비되었다는 이메일이 옵니다.

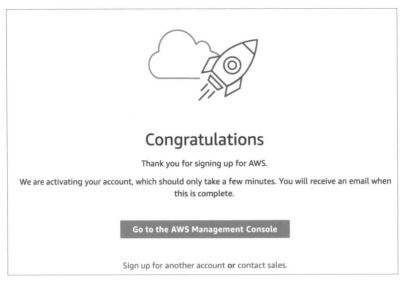

[그림 5-8] 회원가입 완료 화면

계정 활성 안내 메일까지 받았다면 AWS 회원가입이 모두 완료되었습니다.

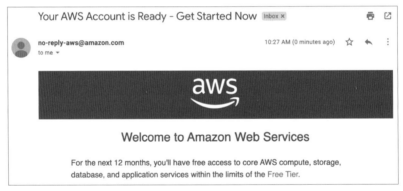

[그림 5-9] 계정 활성화 안내 메일

5.2. EC2 생성하기

회원가입한 계정으로 로그인해서 AWS console로 들어가봅시다. 그림 5-10과 같은 화면이 나타날 것입니다.

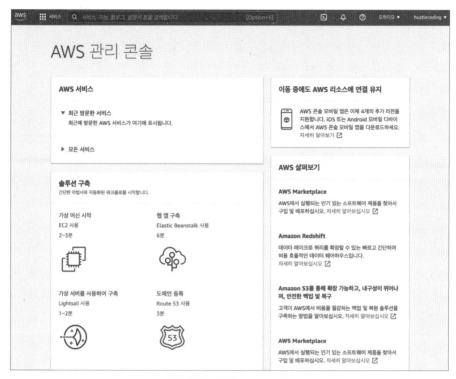

[그림 5-10] AWS console 화면

오른쪽 상단에 지역 설정이 처음에는 오하이오로 되어있을 것입니다. 클릭해서 서울으로 바꿔줍니다. 지역 선택은 서비스하고자 하는 지역에 따라 선택하는 것이 좋습니다. 그 이유는 물리적으로 먼 위치에 있으면 지연시간이 발생할 수 있기 때문입니다. 지역마다 인스턴스의 비용도 조금씩은 차이가 납니다. 한국에서 연습할 때는 아래 그림과 같이 "서울"로 설정해서 연습하기 바랍니다.

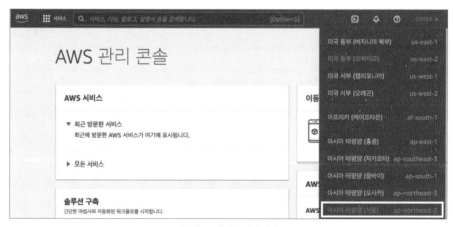

[그림 5-11] 서울 지역 선택

지역을 설정했다면 솔루션 구축 탭의 가상 머신 시작을 눌러서 EC2 서비스로 들어가봅시다.

[그림 5-12] 가상 머신 시작 선택

EC2 서비스로 들어가면 인스턴스 시작이라는 탭이 있습니다. 인스턴스 시작을 눌러서 본격적으로 EC2를 생성해보겠습니다.

[그림 5-13] EC2 인스턴스 시작 선택

Ubuntu Server 20.04 LTS (HVM), SSD Volume Type을 선택해줍니다(그림 5-14 참고). 선택하기 전 아이콘 밑에 "프리 티어 사용 가능"이라는 라벨을 확인하고 우측의 '선택' 버튼을 클릭합니다.

[그림 5-14] AMI 선택

다음으로 인스턴스 유형 선택 화면이 나타납니다.

[그림 5-15] 인스턴스 유형 선택

t2.micro 인스턴스를 선택하고 화면 하단의 '검토 및 시작' 버튼을 클릭합니다.

[그림 5-16] 검토 및 시작 선택

바로 '시작하기' 버튼을 눌러도 되지만, 스토리지를 많이 사용하고 싶은 분들은 '스토리지 편집'을 눌러 스토리지를 수정해줍니다.

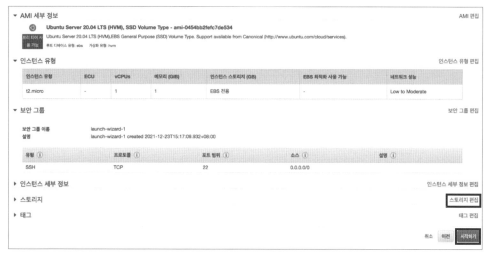

[그림 5-17] 인스턴스 시작 검토 화면

그림 5-18과 같이 단계 4로 이동되는데, '크기' 부분에 8로 되어있는 값을 30으로 수정합니다. 30GB까지는 무료로 제공되므로 과금은 걱정하지 않아도 됩니다.

[그림 5-18] 스토리지 추가 화면

[그림 5-19] 스토리지 크기에 30 입력

'검토 및 시작' 버튼을 눌러 그림 5-17 화면으로 다시 넘어왔다면, '시작하기' 버튼을 눌러서 인스턴스를 생성해줍니다. 그럼, 그림 5-20과 같이 키 페어를 생성을 위한 팝업창이 나타납니다. 가장 상단의 선택창에서 '새 키 페어 생성'을 선택하고, 그 아래 키 페어 이름을 입력합니다. fullstack-recommeder-key라고 입력하겠습니다.

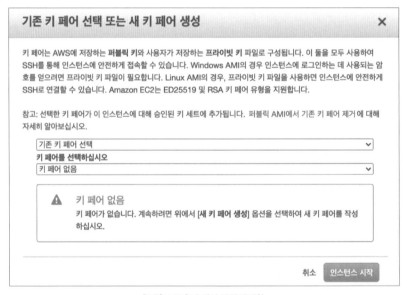

[그림 5-20] 키 페어 관련 팝업창

[그림 5-21] 새 키 페어 생성 선택

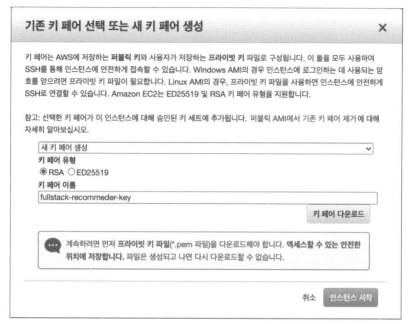

[그림 5-22] 키 페어 생성 화면

여기서 키 페어 다운로드 버튼을 클릭하여 찾기 쉬운 위치에 키를 다운로드 합니다(예를 들어 바탕 화면). 다운로드가 완료되면 아래 그림과 같이 인스턴스 시작 버튼이 활성화됩니다. 인스턴스 시작 버튼을 클릭하여 EC2 인스턴스를 시작합니다.

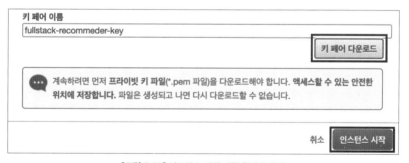

[그림 5-23] 인스턴스 시작 버튼 활성화 화면

아래 그림과 같은 메시지가 보인다면 정상적으로 EC2 인스턴스가 시작되고 있는 것입니다.

[그림 5-24] 인스턴스 시작 메시지 화면

하단의 '인스턴스 보기' 버튼을 눌러 EC2 대시보드로 이동하면 그림 5-25와 같이 초기화 중인 것을 확인할 수 있습니다. 화면을 새로고침 해보면, 그림 5-26과 같이 정상적으로 EC2가 작동되는 것을 확인할 수 있습니다.

	Name	▽	인스턴스 ID	인스턴스 상태	▽	인스턴스 유형	▽	상태 검사
	–		i-03aa002685d658f35	⊘ 실행 중 ⊕⊖		t2.micro		⊙ 초기화

[그림 5-25] 인스턴스 초기 시작 시 화면

	Name	▽	인스턴스 ID	인스턴스 상태	▽	인스턴스 유형	▽	상태 검사
	–		i-03aa002685d658f35	⊘ 실행 중 ⊕⊖		t2.micro		⊘ 2/2개 검사 통과

[그림 5-26] 인스턴스 정상 작동 화면

5.3. EC2 환경 설정 및 배포 환경 설정하기

이제 EC2에 접속하여 배포하기 위한 프로그램들을 설치해봅시다. docker와 gitlab-runner 두 가지 프로그램을 설치할 예정입니다. EC2 대시보드에서 인스턴스 ID에 마우스 커서를 올리고 오른쪽 클릭하면 인스턴스와 관련된 메뉴가 나타나는데, 여기서 '연결'이라는 메뉴를 클릭합니다.

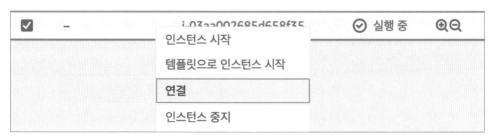

[그림 5-27] 인스턴스 연결 선택

연결 정보를 확인하는 창이 나오면 오른쪽 아래의 '연결' 혹은 'Connect' 버튼을 클릭합니다.

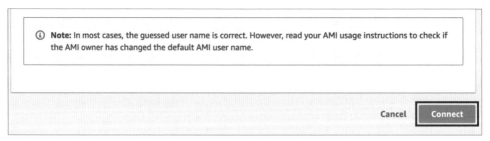

[그림 5-28] Connect to instance 화면

아래 그림과 같이 검정색 화면이 나타나면 연결이 된 것입니다. 이제 docker와 gitlab-runner 프로그램을 설치하겠습니다.

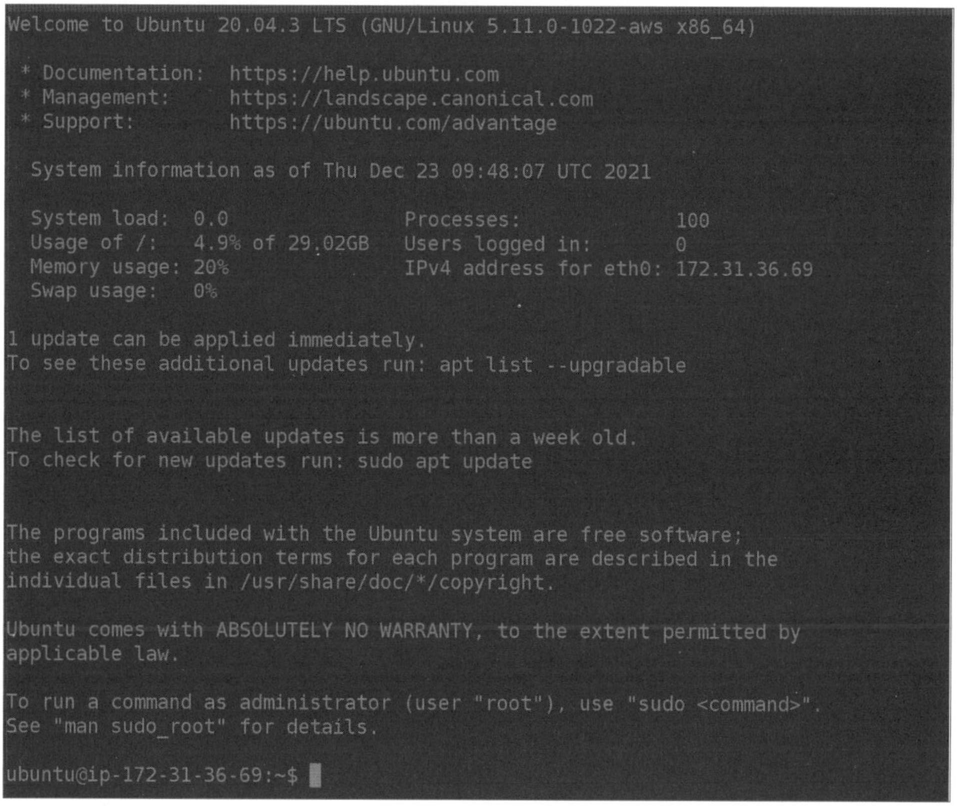

```
Welcome to Ubuntu 20.04.3 LTS (GNU/Linux 5.11.0-1022-aws x86_64)

 * Documentation:  https://help.ubuntu.com
 * Management:      https://landscape.canonical.com
 * Support:         https://ubuntu.com/advantage

  System information as of Thu Dec 23 09:48:07 UTC 2021

  System load:  0.0                Processes:             100
  Usage of /:   4.9% of 29.02GB    Users logged in:       0
  Memory usage: 20%                IPv4 address for eth0: 172.31.36.69
  Swap usage:   0%

1 update can be applied immediately.
To see these additional updates run: apt list --upgradable

The list of available updates is more than a week old.
To check for new updates run: sudo apt update


The programs included with the Ubuntu system are free software;
the exact distribution terms for each program are described in the
individual files in /usr/share/doc/*/copyright.

Ubuntu comes with ABSOLUTELY NO WARRANTY, to the extent permitted by
applicable law.

To run a command as administrator (user "root"), use "sudo <command>".
See "man sudo_root" for details.

ubuntu@ip-172-31-36-69:~$
```

[그림 5-29] 연결 시 초기 화면

docker 설치 방법

여러 가지 설치하는 방법이 있지만 이 책에서는 가장 쉬운 방법[13]인 설치용 스크립트를 다운로드 받아 설치하는 방법을 활용하겠습니다. 아래 명령어를 이용해 설치 스크립트를 다운로드합니다.

```
$ curl -fsSL https://get.docker.com -o get-docker.sh
```

그리고 아래 명령어를 이용해 스크립트를 실행합니다.

```
$ sudo sh get-docker.sh
```

---

13. https://docs.docker.com/engine/install/ubuntu/#install-using-the-convenience-script

설치가 완료되면 아래 명령어를 사용해서 관리자 권한 없이 docker 명령어를 실행할 수 있도록 해줍니다.

```
$ sudo chmod 666 /var/run/docker.sock
```

그리고 실행되고 있는 docker 컨테이너를 확인할 수 있는 명령어를 사용해서 제대로 설치가 완료되었는지 확인합니다.

```
$ docker ps
```

아래 출력 결과와 같이 나오면 정상적으로 설치가 완료된 것입니다.

```
(venv) $ docker ps
CONTAINER ID    IMAGE    COMMAND    CREATED    STATUS    PORTS    NAMES
```

gitlab-runner 설치 방법

gitlab-runner의 공식 문서[14]에서 안내하는 방식으로 설치해봅시다. 먼저 GitLab 리포지토리를 우분투(Ubuntu)에 등록하는 과정입니다. 아래 명령어를 이용합니다. 명령어가 한 줄인 것에 유의하기 바랍니다.

```
curl -L "https://packages.gitlab.com/install/repositories/runner/gitlab-runner/
script.deb.sh" | sudo bash
```

아래 그림과 같이 You can now install packages라는 메시지가 출력되면 등록이 완료된 것입니다.

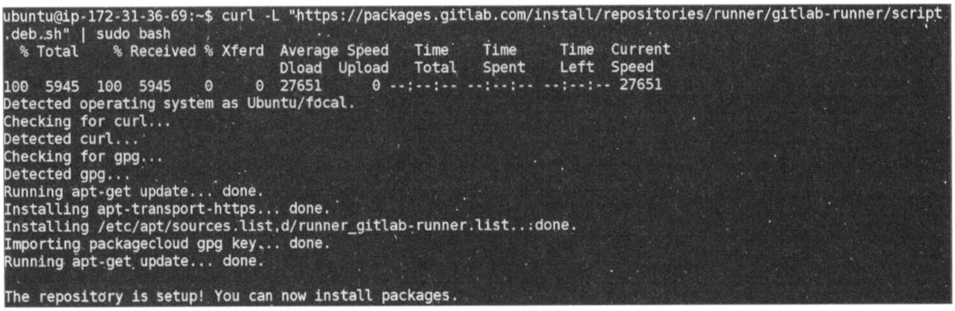

[그림 5-30] GitLab 리포지토리 등록 완료 화면

그러고 나서 gitlab-runner를 설치해줍니다.

---

14. https://docs.gitlab.com/runner/install/linux-repository.html

```
$ sudo apt-get install gitlab-runner
```

이 작업은 시간이 조금 소요됩니다. 아래 그림과 같이 진행되는 내용이 출력될 것입니다.

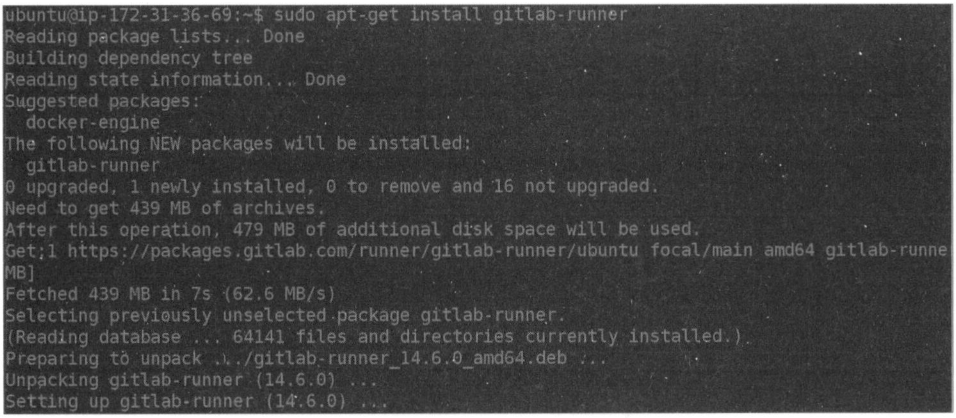

[그림 5-31] gitlab-runner 설치 화면

설치가 완료되면 다음과 같은 명령어로 설치가 제대로 되었는지 확인할 수 있습니다. gitlab-runner: Service is running이라는 메시지가 출력되면 성공입니다.

```
$ sudo gitlab-runner status
```

[그림 5-32] gitlab-runner 설치 확인 화면

6장

EC2 서버에
배포하기

6장 / EC2 서버에 배포하기

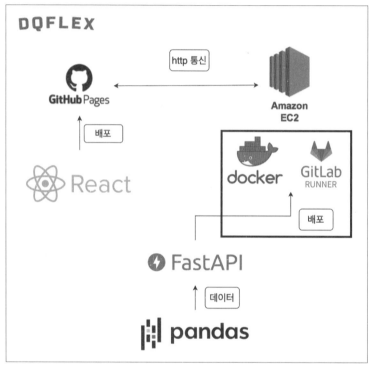

[그림 6-1] 전체 프로젝트 구조 중 6장 'EC2 서버에 배포하기' 단계의 위치

6장에서는 2장부터 4장에 걸쳐 만들었던 FastAPI 서버를 gitlab-runner를 이용해서 Amazon EC2에 배포해보도록 합니다. Git을 이용해서 CI 자동화 파이프라인[15]을 만드는 것이기 때문에 Git에 대한 지식이 있다면 더 좋지만, 처음 접하는 분들도 진행하는 데 어려움이 없도록 상세히 설명하겠습니다.

6.1. GitLab deploy branch 분리하기

Git 버전 관리에서 '브랜치(branch)'는 필수적인 요소입니다. Git 리포지토리 생성 시에 처음 생성되

---

15. CI는 Continuous Integration의 줄임말로 코드의 변경사항을 실제 제품에 통합하기 위한 작업을 의미합니다.

는 master(혹은 main) branch만을 이용해서 버전 관리를 할 수도 있지만 다른 개발자와 협업을 해야 하는 환경이거나 CI/CD 파이프라인을 구성하는 등의 작업을 할수록 브랜치를 이용해서 버전 관리를 세분화하는 것이 중요합니다. 이번 절에서는 'deploy'라는 브랜치를 생성해서 이 브랜치에 푸시(push)했을 때 GitLab CI를 통해 AWS EC2에 배포까지 이루어지도록 만들어봅시다.

먼저 VS Code로 이동합니다. 커맨드 팔레트를 통해서 지금까지 작업했던 내용물을 GitLab에 업로드하겠습니다. 커맨드 팔레트에서 git stage라고 검색어를 입력하면 나오는 Git: Stage All Changes 메뉴를 클릭해서 지금까지 변경한 모든 내용을 stage 상태로 업로드합니다.

[그림 6-2] Git: Stage All Changes 선택

이렇게 하면 커밋(commit)을 할 준비가 된 것입니다. git commit을 입력하면 나오는 Git: Commit All 메뉴를 클릭해서 stage에 있는 내용을 모두 커밋합니다.

[그림 6-3] Git: Commit All 선택

커밋 메시지를 작성합니다. feat: fastapi logic part is done이라고 입력하겠습니다.

[그림 6-4] git commit 메시지 작성

아래 그림과 같이 Git: Push 메뉴를 선택하면 지금까지 작업했던 모든 내용을 GitLab에 업로드할 수 있습니다.

[그림 6-5] Git: Push 선택

GitLab에 들어가서 지금까지의 작업물이 잘 업로드 되었는지 확인해봅시다.

[그림 6-6] GitLab에서 업로드 결과 확인

그럼 이제 master branch가 아닌 deploy branch를 만들어봅시다. 마찬가지로 커맨드 팔레트를 이용해서 진행하면 됩니다. 아래 그림과 같이 커맨드 팔레트에 git create를 입력하고 Git: Create Branch… 메뉴를 선택합니다.

[그림 6-7] Git: Create Branch 메뉴 선택

아래 그림과 같이 브랜치 이름을 입력하는 칸에 deploy라고 입력합니다.

[그림 6-8] 브랜치 이름 입력

그리고 엔터키를 누르면 deploy라는 브랜치가 생성됨과 동시에 현재 VS Code의 위치가 deploy branch에 있게 됩니다(이를 Git에서는 checkout이라고 합니다). 아래 그림과 같이 왼쪽 하단의 Git 상태에서도 확인이 가능합니다.

[그림 6-9] VS Code 하단 Git 상태

근데 이 deploy branch는 현재 local, 즉 내 컴퓨터에만 있는 브랜치입니다. 아직 외부 저장소인 GitLab에는 이 소식이 알려지지 않은 것이죠. 따라서 이 브랜치를 또 GitLab으로 푸시해주는 작업이 필요합니다. 푸시 과정을 통해 deploy branch도 GitLab에 업로드 해보겠습니다. 참고로 브랜치만 푸시하는 경우에는 stage - commit 과정을 따로 해줄 필요가 없습니다. 안에 들어 있는 내용은 바뀐 게 없기 때문입니다. 따라서 커맨드 팔레트에서만 푸시해주면 됩니다.

[그림 6-10] branch push 선택

처음으로 만들어진 브랜치를 푸시할 때에는 upstream branch가 없다고 경고하는데, 무시하고 OK 버

튼을 클릭합니다. 그리고 다시 GitLab으로 가서 확인해봅시다.

[그림 6-11] branch push 시 경고 팝업

왼쪽 메뉴에서 Repository - Branches 메뉴를 선택합니다.

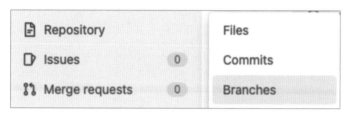

[그림 6-12] Branches 메뉴 선택

아래 그림과 같이 deploy branch가 GitLab에 업로드 된 것을 확인할 수 있습니다.

[그림 6-13] deploy branch 생성 성공 시 화면

6.2. GitLab runner로 배포 자동화하기

이 절에서는 gitlab-runner를 AWS EC2에 등록하는 것과 gitlab-runner를 실행할 .gitlab-ci.yml 파일을 만들고, 이전 4장까지 만든 백엔드 서버를 dockerize 하여 배포하는 과정까지 배워보도록 합시다. 이 절에서 배우는 내용은 한 번만 설정해두면 추가적인 설정 없이 편하게 자주 쓸 수 있기 때문에 여기에서 나오는 코드를 잘 작성해서 적용하기 바랍니다.

gitlab-runner 등록하기

gitlab-runner를 등록하기 위해서는 등록에 필요한 토큰(token)을 알아야 합니다. 확인하기 위해서 GitLab을 다시 들어가봅니다. GitLab의 왼쪽 메뉴에서 Settings - CI/CD 메뉴를 클릭합니다. 왼쪽 메뉴의 CI/CD와 혼동하지 않도록 유의하기 바랍니다.

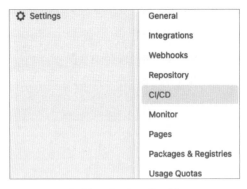

[그림 6-14] CI/CD 메뉴 선택

그다음 화면에서 Runners라는 메뉴의 Expand를 눌러 열어줍니다.

[그림 6-15] Runner의 메뉴의 Expand 선택

Expand를 눌러 열리는 화면의 Specific runners라는 부분에서 토큰을 확인할 수 있는데, 그림 6-16의 And this registration token: 아래 네모 상자 부분에서 각 리포지토리의 GitLab runner token을 확인할 수 있습니다.

[그림 6-16] GitLab runner token 확인

이 토큰 값을 복사해 둔 상태에서 EC2에 접속해봅시다. 아래 명령어를 통해 gitlab-runner 등록을 시작합니다.

```
$ sudo gitlab-runner register
```

```
ubuntu@ip-172-31-36-69:~$ sudo gitlab-runner register
Runtime platform                                    arch=amd64 os=linux
4.6.0
Running in system-mode.

Enter the GitLab instance URL (for example, https://gitlab.com/):
```

[그림 6-17] gitlab-runner 등록 화면

Enter the GitLab instance URL이라는 글씨가 보이는데, for example 옆에 나온 https://gitlab.com/을 그대로 입력한 후 엔터키를 누릅니다.

```
Enter the GitLab instance URL (for example, https://gitlab.com/):
https://gitlab.com/
```

[그림 6-18] GitLab instance URL 입력

그러면 토큰을 입력하는 프롬프트가 나옵니다. GitLab에서 복사해 두었던 토큰을 입력한 후 엔터키를 누릅니다.

```
Enter the GitLab instance URL (for example, https://gitlab.com/):
https://gitlab.com/
Enter the registration token:
```

[그림 6-19] registration token 입력

description을 입력하는 프롬프트가 나오는데, 이는 runner가 어떤 역할을 하는지 알아보기 쉽도록 지정해주는 것이기 때문에 원하는 설명을 적으면 됩니다. fullstack-api라고 작성하겠습니다.

```
Enter a description for the runner:
[ip-172-31-36-69]:
```

[그림 6-20] description 입력

그다음 tags를 입력하는 프롬프트가 나옵니다. 이 tags는 중요합니다. 나중에 gitlab-runner의 tags를 이용해서 어떤 runner에 CI를 실행시킬 것인지 결정하기 때문입니다. 통일된 코드를 가지기 위해서 fullstack-api라고 입력하고 엔터키를 누릅니다.

[그림 6-21] tags 입력

executor를 선택하는 프롬프트가 나오면 shell을 입력하고 엔터키를 누릅니다. 이 과정 이전에 Enter optional maintenance note for runner라는 프롬프트가 나올 경우 빈칸으로 엔터키를 입력하면 됩니다.

```
Enter an executor: custom, docker, parallels, ssh, virtualbox, docker+machine, docker-ssh+machine, docker-ssh
, shell, kubernetes:
```

[그림 6-22] executor 선택

아래 그림과 같은 화면이 나오면 등록이 완료되었습니다.

```
Runner registered successfully. Feel free to start it, but if it's running already the config should be autom
atically reloaded!
```

[그림 6-23] 등록 완료 메시지

GitLab의 Settings - CI/CD 메뉴의 하단에 다시 들어가보면 아래 그림과 같이 fullstack-api라는 이름의 runner가 등록되어 있는 것을 확인할 수 있습니다.

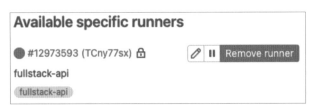

[그림 6-24] GitLab runner 등록 확인 화면

.gitlab-ci.yml 파일 코드에 추가하기

이제 코드에 .gitlab-ci.yml을 추가해서 deploy branch에 배포했을 때 자동으로 GitLab에서 배포가 진행되도록 만들어봅시다. 먼저 VS Code로 이동합니다. GitLab에서 runner를 사용하는 리포지토리인지 아닌지를 감지하기 위해서는 .gitlab-ci.yml이라는 이름의 파일이 필요합니다. 프로젝트 가장 상단의 폴더에 .gitlab-ci.yml 파일을 만들어줍니다(파일 이름의 가장 앞에 마침표가 붙어있는 것을 확인하기 바랍니다).

[그림 6-25] .gitlab-ci.yml 파일 추가 후의 폴더 구조

.gitlab-ci.yml 파일에 들어갈 내용은 아래 코드와 같습니다.

```
image: python:3.9

variables:
  IMAGE_VERSION: v1.0.0
  WORK_DIR: .
  NODE_ENV: development
  DOCKER_DRIVER: overlay2
  DOCKER_FILE: dockerfile
  DOCKER_BUILD_CONTEXT: .
  DOCKER_IMAGE: fullstack-recommender:${IMAGE_VERSION}
cache:
  key: '$CI_COMMIT_REF_SLUG'
stages:
  - deploy
Deploy:
  stage: deploy
  only:
    - deploy
  tags:
    - fullstack-api
  script:
    - docker stop $(docker ps -aq)
    - docker build -t ${DOCKER_IMAGE} .
    - docker run -it -d -p 8080:80 --restart=unless-stopped ${DOCKER_IMAGE}
```

코드에서 only: 라는 부분이 언제 .gitlab-ci.yml이 작동할지 정해주는 역할입니다. deploy라고 적으면 deploy branch에 푸시할 때만 이 파일이 동작한다는 뜻입니다. tags: 부분은 gitlab-runner 중 어떤 tag를 가진 gitlab-runner를 사용할 것인지 지정하는 것입니다. 위에서 fullstack-api로 설정하기로 했기 때문에 동일하게 fullstack-api로 적어줍니다. 마지막 script: 부분에 docker 명령어들이 포함되어 있는 것을 볼 수 있는데, 기존에 동작하던 docker를 멈추고 새로운 docker 이미지를 만든 후 웹 서버가 실행되도록 하는 명령어입니다. 아직 dockerfile을 만들어주지 않아서 deploy branch에 푸시해도 제대로 동작하지 않을 것입니다. 아래 파트에서 dockerfile을 만들어 봅시다.

docker 컨테이너를 EC2에 배포하기

docker 컨테이너로 만들어주는 것을 dockerize라고 하는데, 일종의 가상 머신이라고 생각하면 좋습니다. docker 개념을 자세히 이해하려면 다른 외부 학습 자료를 이용하기 바랍니다.

dockerize를 하게 되면 서버를 이전하거나 다른 컴퓨터에서 작업할 때 별다른 환경설정 없이 docker image 하나로 실행까지도 가능합니다. 관련된 좋은 예제와 사용자가 많기 때문에 익혀두기를 권장합니다. 그럼 이제 코드를 추가해봅시다.

VS Code에서 Dockerfile이라는 이름으로 파일을 추가합니다. 첫 문자를 대문자 D로 사용하는 것에 유의하기 바랍니다.

[그림 6-26] dockerfile 추가 후의 폴더 구조

dockerfile에 들어가는 내용은 아래 코드와 같습니다.

```
FROM python:3.9

EXPOSE 80

COPY ./app /app

COPY requirements.txt /app/requirements.txt

WORKDIR /app

RUN python3 -m pip install --no-cache-dir --upgrade \
        setuptools \
        wheel \
        && \
    python3 -m pip install --trusted-host pypi.python.org -r requirements.txt
```

```
CMD ["uvicorn", "main:app", "--host", "0.0.0.0", "--port", "80"]
```

dockerfile을 살펴보면 FROM python:3.9 는 Python 3.9의 환경을 불러오겠다는 의미입니다. 이미 Python, Node, Go 등 여러분이 필요할 만한 언어의 docker image는 docker hub에 등록이 되어 전 세계의 사용자에게 제공되고 있습니다. 특정 언어의 docker image를 자세히 알고 싶다면 [특정 언어] docker official image라고 구글에 검색해보세요. 아마 docker hub 사이트가 가장 위에 보여질 것입니다. 파이썬의 경우, docker hub 사이트[16]에서 스크롤을 조금 내려보면 나오는 How to use this image라는 섹션에서 사용법을 확인할 수 있습니다.

[그림 6-27] Python docker hub 공식 이미지 설명

마지막으로 requirements.txt 파일을 생성하고 결과를 확인해보겠습니다. requirements.txt는 지금까지 설치했던 파이썬 패키지들의 목록인데, docker가 환경설정을 할 때 패키지 하나하나 따로 설치해주기는 어렵기 때문에 목록으로 만들어주는 것입니다. VS Code의 터미널에서 아래 명령어로 쉽게 생성이 가능합니다.

```
(venv) $ pip freeze > requirements.txt
```

[그림 6-28] requirements.txt 파일 생성 후의 폴더 구조

---

16. https://hub.docker.com/_/python

그럼 배포를 위한 모든 준비가 끝났습니다. 이제 GitLab의 deploy branch에 코드 변경사항을 푸시해봅시다.

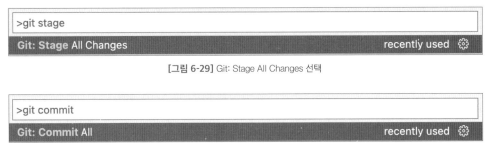

[그림 6-29] Git: Stage All Changes 선택

[그림 6-30] Git: Commit All 선택

이번 커밋 메시지는 feat: dockerize and add .gitlab-ci.yml file로 입력하겠습니다.

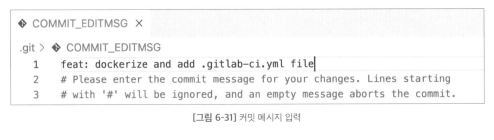

[그림 6-31] 커밋 메시지 입력

[그림 6-32] Git: Push 선택

푸시까지 완료하였으면 GitLab으로 이동해서 왼쪽의 CI/CD 메뉴를 클릭합니다.

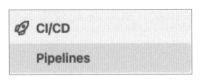

[그림 6-33] CI/CD 메뉴 선택

그럼 아래 그림과 같이 방금 푸시한 코드로 생긴 GitLab CI 파이프라인을 확인할 수 있습니다.

[그림 6-34] GitLab CI 파이프라인 상태 화면

그런데 상태가 failed입니다. 뭔가 잘못된 것 같습니다. 클릭해서 로그(log)를 확인해보겠습니다.

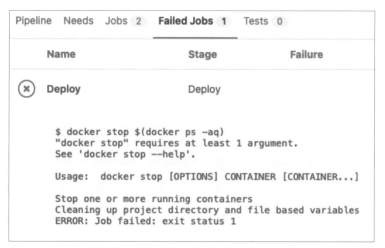

[그림 6-35] Failed Jobs log

docker stop 명령어에서 스탑(stop)할 컨테이너가 없는 게 문제였습니다. 한번이라도 배포가 된 상황에서는 기존에 돌아가고 있는 docker 컨테이너를 스탑하고 새로운 docker image를 실행시키려는 목적이었는데 오류가 발생했습니다. 이 부분에 대한 예외처리를 해주고 다시 배포해봅시다.

.gitlab-ci.yml 파일을 아래 코드와 같이 수정합니다.

```
image: python:3.9


variables:
  IMAGE_VERSION: v1.0.0
  WORK_DIR: .
  NODE_ENV: development
  DOCKER_DRIVER: overlay2
  DOCKER_FILE: dockerfile
  DOCKER_BUILD_CONTEXT: .
  DOCKER_IMAGE: fullstack-recommender:${IMAGE_VERSION}
cache:
  key: '$CI_COMMIT_REF_SLUG'
stages:
  - deploy
Deploy:
  stage: deploy
```

```
only:
  - deploy
tags:
  - fullstack-api
script:
  - docker stop $(docker ps -aq) || true
  - docker build -t ${DOCKER_IMAGE} .
  - docker run -it -d -p 8080:80 --restart=unless-stopped ${DOCKER_IMAGE}
```

22번째 줄의 docker stop 명령어 뒤에 || true를 추가하였습니다. 그러고 다시 그림 6-29부터 그림 6-33까지의 과정을 실행하여 푸시하기 바랍니다. 푸시 후에 다시 GitLab을 확인해보면 pending - running - passed의 순서로 상태가 변하는 것을 확인할 수 있습니다.

[그림 6-36] passed 결과 상태 화면

이제 배포는 모두 완료되었고 실제로 잘 동작하고 있는지 확인해보겠습니다. EC2 인스턴스 대시보드로 이동합니다. 인스턴스를 클릭하면 아래 보이는 Details 탭에서 Public IPv4 address가 우리가 접근해야 할 주소입니다.

[그림 6-37] public IPv4 address 확인

이 IP 주소를 복사해 두거나 따로 저장해 두고 security group을 편집해야 합니다. 현재는 기본값으로 22번 포트에 대해서만 접근이 가능하게 설정되어 있습니다. 22번 포트는 SSH, 즉 터미널로 접근할 수 있는 포트번호입니다. 따라서 웹 서버가 동작하고 있는 8080번 포트를 inbound rules에 추가해주어야 합니다. 그림 6-38과 같은 화면에서 Security groups를 클릭합니다.

[그림 6-38] Security groups 메뉴

아래 그림과 같은 화면에서 Edit inbound rules라는 버튼을 클릭합니다.

[그림 6-39] Edit inbound rules 선택

그럼 inbound rules를 바꿀 수 있는 설정 화면이 나오는데, 아래쪽의 Add rule 버튼을 클릭합니다.

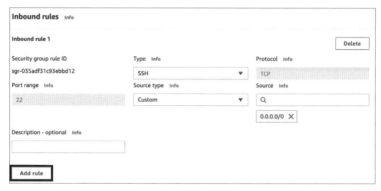

[그림 6-40] inbound rules 설정 화면

Add rule 버튼을 클릭하면 Inbound rule 2 라는 섹션이 생깁니다. 아래 그림과 같이 Port range는 8080, Source type은 Anywhere-IPv4라고 설정한 후에 Save rules 버튼을 클릭합니다.

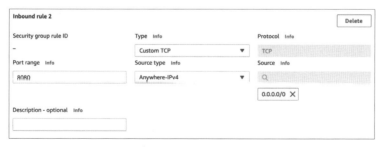

[그림 6-41] inbound rule 상세 화면

[그림 6-42] save rules 버튼 선택

여기까지 잘 따라왔다면 public IPv4로 복사해 두었던 주소를 이용해서 웹 브라우저에 다음과 같은 주소를 입력합니다. https가 아닌 http인 것에 유의하기 바랍니다.

- http://복사해둔주소:8080

그럼 아래 그림과 같이 Hello World가 출력되는 것을 확인할 수 있습니다.

```
{
    "message": "Hello World"
}
```

[그림 6-43] Hello World 출력

이제 여러분은 gitlab-ci를 이용해서 백엔드 서버를 배포하는 방법까지 알게 되었습니다. 다음 장에서는 도메인 연결과 HTTPS 보안 설정을 배워봅시다.

MEMO

7장

도메인 및
HTTPS 보안
설정하기

7장 / 도메인 및 HTTPS 보안 설정하기

IP는 인터넷에 연결되어 있는 모든 장치가 가지는 식별 가능한 주소를 뜻합니다. 주로 123.111.23.48과 같이 4개의 숫자로 구성됩니다. 6장에서 배포한 EC2 서버도 각각 이러한 IP를 가지고 있습니다. 하지만 이런 IP는 사람이 기억하기 어렵고, 서비스를 배포해서 많은 사람들이 사용하도록 만들기도 어렵습니다. 도메인은 사람이 IP를 기억하기 쉽도록 이름을 붙인 것입니다. 익숙한 google.com, naver.com 등이 도메인의 예입니다. 이번 장에서는 도메인을 연결한 후 HTTPS 보안 설정까지 하는 방법을 배워봅시다.

7.1. AWS Route53에서 도메인 구입

이 책을 집필하며 독자들이 최대한 무료로 책의 내용을 실습할 수 있게 만들고자 했습니다. 하지만 무료 도메인 사이트를 이용해 도메인을 구입하고 실서비스에 연결하는 과정에서 오히려 돈을 아끼기 위해 더 많은 스트레스를 받다가 포기하는 독자가 많아질 수 있겠다는 생각을 하게 됐습니다. 또한 도메인 구입은 꼭 AWS Route53뿐 아니라 goDaddy[17]나 가비아, 후이즈 등에서도 구입이 가능하므로, 원하는 도메인을 저렴하게 구입할 수 있는 사이트를 이용하면 됩니다. 다만 AWS에서 도메인을 구입하면 Route53에 자동으로 NS레코드가 생성되는 장점이 있기에 이번 장에서는 AWS를 이용해 도메인을 구입하고 서비스에 연결해보겠습니다.

AWS에서 도메인 구매

AWS에서 route53 서비스[18]로 접속합니다. 그림 7-1과 같은 화면이 나오면 오른쪽의 Get started 버튼을 클릭하여 도메인 구입을 시작합니다.

---

17. https://www.godaddy.com/
18. https://console.aws.amazon.com/route53/home

[그림 7-1] Route53 접속 화면

Register a domain을 선택한 후 오른쪽 하단의 Get started 버튼을 클릭합니다.

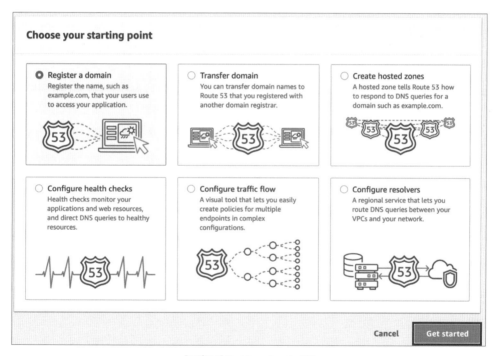

[그림 7-2] Register a domain 선택

그림 7-3과 같이 사용하고 싶은 도메인을 입력하면 사용 요금이 표시됩니다(연간 요금입니다). 참고로 .link 도메인은 1년에 5달러, .click 도메인은 1년에 3달러입니다. 저렴하고 기억하기 쉬운 도메인을 찾아서 등록하기 바랍니다. 아래 Check 버튼을 클릭하여 사용 가능 여부를 확인합니다.

[그림 7-3] 사용하고자 하는 도메인 검사 - Check 선택

필자의 경우 이미 도메인 등록을 마쳤기 때문에 X 표시와 함께 Unavailable이 나타나지만, 사용 가능한 도메인의 경우 그림 7-5와 같이 Available으로 표시될 것입니다.

[그림 7-4] 도메인 사용 가능 여부 검사

도메인 우측에 있는 Add to cart 버튼으로 장바구니에 추가한 후에 오른쪽 하단의 Continue 버튼을 클릭하여 계속 진행해줍니다.

[그림 7-5] 사용 가능한 도메인 화면 예시

[그림 7-6] Add to cart 선택

그러면 contact detail을 적는 화면이 나타납니다. 필요한 정보를 적고 오른쪽 하단의 Continue 버튼을 클릭하여 진행합니다.

[그림 7-7] Contact 상세 화면

그럼 아래 그림과 같은 팝업창이 나타나는데, 이메일 인증을 15일 내에 하지 않으면 도메인이 유효하지 않게 된다는 경고문입니다. I understand 버튼을 클릭합니다.

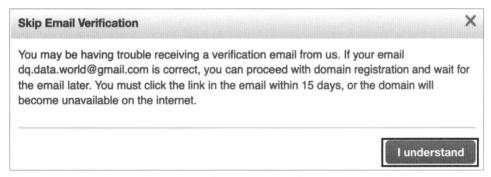

[그림 7-8] Email verification 안내 팝업

동시에 이전 단계에서 입력한 이메일 계정으로 그림 7-9와 같은 이메일이 와있을 것입니다.

[그림 7-9] 인증용 이메일 예시

인증용 이메일이 왔다면 링크를 클릭해서 인증을 완료합니다. 다시 구매 화면으로 돌아와서 아래의 두 가지를 체크하고 Complete Order를 선택합니다.

도메인 구매는 기본적으로 1년을 단위로 합니다. 1년이 지날 때마다 자동으로 갱신(매년 금액 청구)하기를 원한다면 Enable 옵션을 선택하고, 1년만 구매하고 1년 후에 수동으로 갱신하려면 Disable 옵션을 선택합니다.

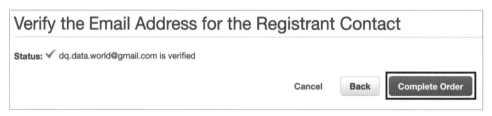

[그림 7-10] renew domain 섹션

처음에는 인증이 진행 중이라고 표시될 수도 있습니다. Refresh status를 눌러서 verified가 되도록 만들어줍니다. 그 후 Complete Order 버튼을 클릭하여 구매를 완료합니다.

Verify the Email Address for the Registrant Contact

Status: ✓ dq.data.world@gmail.com is verified

Cancel   Back   **Complete Order**

[그림 7-11] Email verify 화면

AWS Credit이 적용되지 않는다는 팝업창이 뜹니다. 체크박스에 체크 표시를 하고 Complete Order 버튼을 클릭하여 주문을 완료합니다.

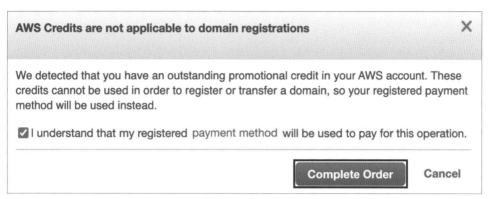

[그림 7-12] Credit 관련 팝업

여기서 구매를 완료해도 바로 도메인이 활성화되지는 않습니다. 30분에서 2시간 정도 기다리면 도메인이 활성화되고 상세 설정이 가능하게 됩니다.

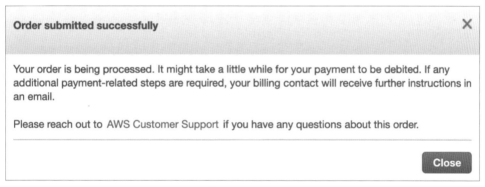

[그림 7-13] 구매 완료 팝업

구매가 완료되면 아래 그림과 같이 유의사항이 적힌 화면을 확인할 수 있습니다.

Note the following:

- Domain registration might take up to **three days** to complete.
- We'll send email to the registrant contact when the domain is successfully registered.
- We'll also send email to the registrant contact if we aren't able to register the domain for some reason.
- You can view the current status of your request on the dashboard in the Route 53 console.

Go To Domains

[그림 7-14] 구매 후 유의사항 화면

필자의 경우 지금까지 구매했던 도메인은 2시간 내에 등록이 완료되었는데, AWS에서 제공하는 설명에는 최대 3일까지 걸릴 수 있다고 하니, 충분한 시간을 두고 등록이 완료되길 기다리는 것을 추천합니다. 완료가 되면 인적사항에 적은 이메일을 통해 등록이 완료되었다는 메일이 올 것이고, 등록할 수 없는 상태라면 등록할 수 없다는 이메일이 올 것입니다.

등록이 완료되면 아래 그림과 같이 등록이 완료되었다는 이메일을 확인할 수 있습니다.

Registration of hustlecoding.link succeeded 🖨 ⤴

» 받은편지함 ×

Dear AWS customer,

We successfully registered the hustlecoding.link domain. We also created a hosted zone for the domain.

Your next step is to add records to the hosted zone. These records contain information about how to route traffic for your domain and any subdomains. To learn how to add records to your hosted zone, see Working with Records.

If you did not request this change, contact Amazon Web Services Customer Support immediately.

Regards,
Amazon Route 53

[그림 7-15] 등록 완료 이메일 예시

정상적으로 등록이 되었는지 확인하기 위해서 AWS Route53 왼쪽의 메뉴 중 Registered domains 메뉴를 선택합니다.

Domains

Registered domains

Pending requests

[그림 7-16] Registered domains 메뉴 선택

정상적으로 Domain Name에 내 도메인이 표시되는 것을 확인할 수 있습니다.

Domain Name ▲	Privacy Protection	Expiration Date	Auto Renew	Transfer Lock
hustlecoding.link	All contacts	September 28, 2022	✖	✖

[그림 7-17] Registered domains 화면

ACM을 이용해서 SSL certificate 발급하기

HTTPS 보안 연결을 사용하기 위해 SSL Certificate를 발급받아 봅시다. 이 작업은 과정을 이해하는 것보다는 순서대로 따라하며 결과를 동일하게 만드는 것에 초점을 맞추면 좋을 것 같습니다. HTTP/HTTPS의 연결 방식, ALB 등 세부적으로 연관된 내용이 많지만, 이 책의 범위를 넘으므로 HTTPS 연결을 활성화시키는 것에 필요한 과정만 최소한으로 서술했습니다. 무엇보다 ACM은 무료이기 때문에 한 번만 익혀 두면 HTTPS 보안 연결을 세팅할 때 유용하게 사용할 수 있습니다.

먼저 아래와 같은 화면에서 오른쪽의 Request a certificate 버튼을 클릭하여 발급 과정을 시작합니다.

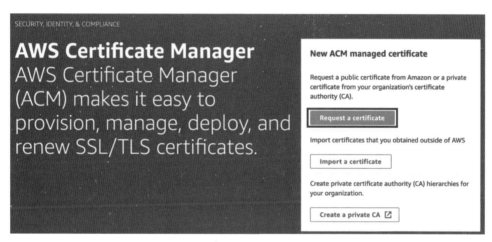

[그림 7-18] ACM 메인 화면

Request a public certificate를 선택하고 우측 하단의 Next 버튼을 클릭합니다.

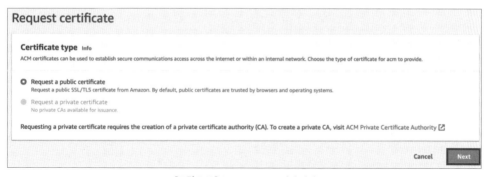

[그림 7-19] Certificate type 선택 화면

Fully qualified domain name에는 HTTPS 보안 연결을 적용하고자 하는 도메인을 입력합니다.

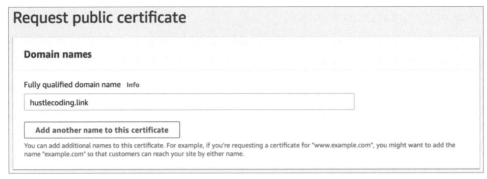

[그림 7-20] Request public certificate 화면

validation 방법을 선택하는 섹션에서는 DNS validation을 선택합니다. route53과 연동해서 쉽게 도메인 연결을 진행할 수 있으므로 DNS로 선택합니다.

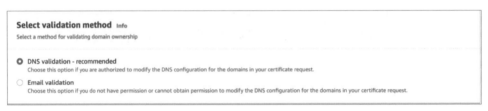

[그림 7-21] Select validation method 화면

Tags는 따로 지정하지 않습니다. 우측 하단의 Request를 눌러 등록을 진행합니다.

[그림 7-22] Tags 섹션

request를 완료하면 아래 그림과 같은 팝업창이 나타납니다. 인증서가 바로 적용되는 것은 아니고, route53에 records를 생성한 후에 적용됩니다.

[그림 7-23] request 성공 시 메시지

왼쪽 메뉴 중 List certificates를 누르면 상태를 확인할 수 있습니다.

[그림 7-24] List certificates 선택

인증서가 적용되기 전에는 아래 그림과 같이 Pending validation이라는 상태로 확인됩니다.

[그림 7-25] Pending validation 상태 화면

아래 그림과 같이 Create records in Route 53을 클릭해서 다음 단계를 진행합니다.

[그림 7-26] Domains 화면

그다음 오른쪽 하단의 Create records를 클릭하여 Route53에서 record가 생성되도록 합니다.

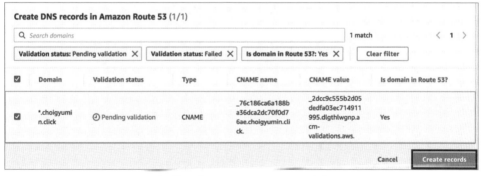

[그림 7-27] Create records in Route53 화면

route53 서비스로 들어가보면 그림 7-28과 같이 새로운 CNAME record가 생성되어 있는 것을 확인할 수 있습니다.

| | _76c186ca6a18... | CNAME | Simple | - | _2dcc9c555b2d05dedfa03ec714911995.dlgthlwgnp.acm-validations. |

[그림 7-28] Route53에서 record 생성 완료 시 화면

그럼 이제 생성된 CNAME record와 EC2를 연결하는 작업을 진행해봅시다. 먼저 Route53의 왼쪽 메뉴에서 Hosted zones를 클릭합니다.

[그림 7-29] Hosted zones 메뉴 선택

Domain name에 해당하는 부분(그림 7-30에서 hustlecoding.link 부분)을 클릭해서 세부 화면으로 들어갑니다.

Domain name	▽	Type	▽	Created by ▽	Record co... ▼	Descripti... ▽
hustlecoding.link		Public		Route 53	4	HostedZone...

[그림 7-30] Hosted zones 화면

세부 화면으로 들어가면 아래 그림과 같이 나타납니다. 오른쪽의 Create record 버튼을 클릭하여 연결을 진행합니다.

[그림 7-31] Hosted zones 세부 화면

그러고 나면 그림 7-32와 같이 Quick create record라는 화면이 나옵니다.

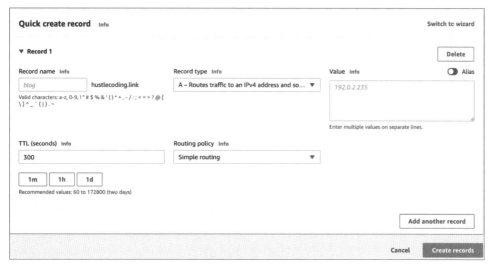

[그림 7-32] Quick create record 화면

Record name은 빈칸을 그대로 놔두면 됩니다. 만약 서브도메인(예를 들어, blog.hustlecoding.link 와 같은)을 사용하고 싶다면, Record name에 적어주면 됩니다.

Value 부분이 중요한데, 6장에서 사용했던 EC2의 IP 주소를 적으면 됩니다. 다른 부분은 기본 설정이 되어있는 대로 건드리지 않고 오른쪽 하단의 Create records 버튼을 눌러 연결을 완료해줍니다. 이 방법뿐 아니라 AWS 서비스에 자동으로 연결하는 방법(Alias를 클릭)도 있지만, 다른 네임서버 사이트(가비아, 후이즈, goDaddy 등)에서도 보편적으로 사용할 수 있는 방법은 IP 주소를 입력하는 것입니다.

따라서 이 책에서는 IP 주소를 입력하는 방법을 사용하겠습니다. 아래 그림과 같이 Public IPv4 주소를 복사해서 위 그림 7-32의 Value 부분에 붙여 넣으면 됩니다.

[그림 7-33] EC2 대시보드의 IPv4 주소 확인

이렇게 Record가 생성되었다는 팝업이 뜨고, 조금 기다리면 정상적으로 작동하는 것을 확인할 수 있습니다.

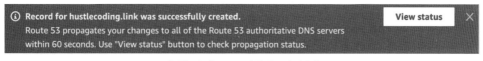

[그림 7-34] Record 생성 완료 시 메시지

7.2. fast api middleware 세팅 후 재배포

이 부분을 이해하기 위해서 먼저 CORS의 개념을 이해하는 것이 좋습니다. CORS란 Cross-Origin Resource Sharing의 줄임말로, 프론트엔드가 다른 "origin"에 있는 백엔드와 통신하는 상황을 말합니다.

origin은 프로토콜에 해당하는 http, https, 도메인에 해당하는 naver.com, localhost, 포트번호에 해당하는 443, 80, 8080의 조합입니다. 예를 들어 http://localhost, https://localhost, http://localhost:8080은 모두 다른 origin이라고 할 수 있습니다.

기본적으로 프론트엔드와 백엔드가 같은 origin이 아닐 경우에는 보안 문제나 인증 문제가 있을 수 있다고 판단합니다. 따라서 백엔드에서 요청을 받고 응답할 때, 요청을 보내는 프론트엔드의 origin이 allowed origin, 즉 믿을 수 있는 origin임을 명시해주는 과정이 필요합니다. 만약 이런 필터가 없다면 무작위로 서버에 요청을 날려서 서버에 부하를 주거나, 민감한 정보를 탈취하는 등의 해킹 행위가 쉬워지기 때문입니다.

FastAPI에서는 이를 CORSMiddleware를 이용하여 해결합니다.[19] 크게 두 가지를 설정해주어야 하는데, 첫 번째로는 허용하는 origin의 목록을 명시해주어야 합니다.

아래 코드와 같이 허용하고 싶은 origin의 목록을 모두 적어주면 됩니다. 이 코드는 백엔드의 main.py 파일에 추가할 내용이고, 전체 코드는 이 장의 끝에서 확인할 수 있습니다.

```
origins = [
    "http://localhost",
    "http://localhost:3000",
    "https://dq-hustlecoding.github.io/dqflex",
    "https://dq-hustlecoding.github.io",
    "http://www.dqflex.kro.kr/dqflex",
    "http://www.dqflex.kro.kr",
]
```

개발 환경에서 localhost를 사용하기 때문에 localhost를 추가하고, 프론트엔드 배포 시에 자동으로 생성되는 GitHub Pages 주소(필자의 경우에는 dq-hustlecoding으로 시작하는 주소 2개입니다. 8장을 참고하세요)와 7.1장에서 무료로 구매한 도메인에 해당하는 주소를 리스트에 추가하면 됩니다(필자의 경우에는 www.dqflex.kro.kr입니다).

---

19. https://fastapi.tiangolo.com/tutorial/cors/

그리고 middleware를 추가하는 코드를 만들어야 합니다. fastapi의 공식 튜토리얼에서 제공하는 코드를 그대로 사용하겠습니다. 단, CORSMiddleware라는 미들웨어를 사용하기 때문에 미들웨어를 따로 import 해줘야 한다는 것을 주의하기 바랍니다.

```python
from fastapi.middleware.cors import CORSMiddleware
```

```python
app.add_middleware(
    CORSMiddleware,
    allow_origins=origins,
    allow_credentials=True,
    allow_methods=["*"],
    allow_headers=["*"],
)
```

위 코드를 간단하게 설명하면, 위에서 명시한 origins 목록은 허용된 origin으로 사용하고, method나 header는 전부 허용하겠다는 의미입니다. 더 복잡하게 권한을 설정할 수도 있지만 지금은 기본으로 되어있는 설정을 따라하는 것에 초점을 맞추겠습니다.

위 두 개의 코드 스니펫(snippet)을 추가한 전체 main.py 코드는 아래와 같습니다.

```python
from typing import List, Optional
from fastapi import FastAPI, Query
from recommender import item_based_recommendation, user_based_recommendation
from resolver import random_items, random_genres_items
from fastapi.middleware.cors import CORSMiddleware


app = FastAPI()


origins = [
    "http://localhost",
    "http://localhost:3000",
    "https://dq-hustlecoding.github.io/dqflex",
    "https://dq-hustlecoding.github.io",
    "http://www.dqflex.kro.kr/dqflex",
```

```python
    "http://www.dqflex.kro.kr",
]

app.add_middleware(
    CORSMiddleware,
    allow_origins=origins,
    allow_credentials=True,
    allow_methods=["*"],
    allow_headers=["*"],
)

@app.get("/")
async def root():
    return {"message": "Hello World"}

@app.get("/all/")
async def all_movies():
    result = random_items()
    return {"result": result}

@app.get("/genres/{genre}")
async def genre_movies(genre: str):
    result = random_genres_items(genre)
    return {"result": result}

@app.get("/user-based/")
async def user_based(params: Optional[List[str]] = Query(None)):
    input_ratings_dict = dict(
        (int(x.split(":")[0]), float(x.split(":")[1])) for x in params
    )
    result = user_based_recommendation(input_ratings_dict)
    return {"result": result}
```

```
@app.get("/item-based/{item_id}")
async def item_based(item_id: str):
    result = item_based_recommendation(item_id)
    return {"result": result}
```

6장에서 이미 자동으로 배포되는 파이프라인은 구축해 두었기 때문에 deploy branch에 변경 내용을 푸시하면 바로 서버에 최신 코드로 배포가 될 것입니다. 그럼 이제 리액트(React)로 클라이언트를 개발해서 DQFLEX를 완성해봅시다.

리액트로
프론트엔드
개발하기

8장 / 리액트로 프론트엔드 개발하기

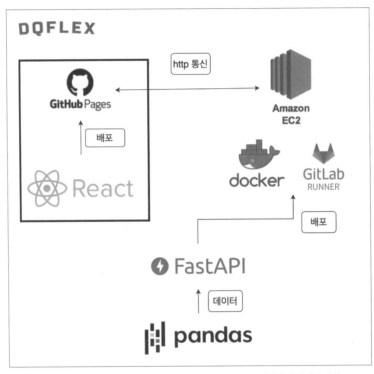

[그림 8-1] 전체 프로젝트 구조 중 8장 '리액트로 프론트엔드 개발하기' 단계의 위치

드디어 DQFLEX의 마지막 조각인 프론트엔드 개발 단계입니다. 데이터를 가공해서 추천 엔진을 만들고, 추천 엔진의 결과가 서빙(serving)되는 서버를 배포하는 것까지 정말 어려운 과정을 거쳐왔습니다. 이번 장에서는 조금 가볍게 리액트(React)로 된 애플리케이션을 개발하는 과정을 따라해봅시다. 리액트의 고급 기능이나 작동 원리보다는 리액트 프로젝트의 구조, API와의 연결을 위주로 진행할 예정이니, 리액트 프레임워크나 프론트엔드 개발을 더 깊이 알고 싶은 독자분들은 관련한 다른 책이나 강좌를 통해 지식을 습득하기 바랍니다.

8.1. 리액트 프로젝트 톺아보기

일반적으로 리액트 프로젝트는 react cli 명령어인 create-react-app 등을 이용해서 시작합니다. 하지만 이 책에서는 시간을 절약하기 위해 미리 세팅된 코드를 받아서 시작해보겠습니다.

참고로 필자가 스타일을 잡을 때 참고한 GitHub 리포지토리는 https://github.com/AlanBinu007/Netflix_Clone_ReactJs이고, 이를 적당히 원하는 스타일로 고쳐서 만든 리액트 프로젝트입니다(오른쪽 QR코드 참고).

결론적으로는 이 프로젝트에서 두 가지 부분만 수정한다면 정상적으로 작동하는 모습을 확인할 수 있습니다. 첫 번째는 src/API/constants.js 파일에 6장에서 개발했던 API 서버 URL를 추가하는 것이고, 두 번째는 package.json 파일에서 "homepage" 부분에 GitHub Pages에서 제공하는 URL을 추가하는 것입니다. 특히 프론트엔드 작업에서 어려움을 느끼고 포기하는 분들을 많이 봐왔기 때문에 이 책에서는 프론트엔드 작업을 최소한으로 할 수 있도록 구성했습니다.

다만 리액트 프로젝트에서 API를 연결하고, 데이터를 렌더링하는 내용을 포함하고 있으니 이해가 어려운 부분이 있더라도 하나의 완성된 프로젝트를 만드는 것을 목표로 열심히 따라해보기 바랍니다!

다운로드 받기

일단 예시로 만들어 둔 리포지토리로 접속합니다.

- https://github.com/dq-hustlecoding/dqflex-example

화면 오른쪽 상단에 Code라는 버튼을 클릭해줍니다. Code 버튼을 클릭하면 나오는 드롭다운 메뉴 중 가장 하단의 Download ZIP 버튼을 눌러서 압축파일을 다운로드 합니다.

[그림 8-2] Download ZIP 선택

이 코드를 여러분의 GitHub[20]에 올리는 방식으로 작업할 것입니다. GitHub 계정이 없다면 회원가입을 먼저 진행하기 바랍니다.

로그인을 한 후에 오른쪽 상단에 내 프로필 사진을 누르면 아래 그림과 같은 메뉴가 나타납니다. 드롭다운 메뉴 중 Your repositories 메뉴로 들어갑니다.

[그림 8-3] GitHub 프로필 메뉴 선택

오른쪽의 New 버튼을 눌러 새로운 리포지토리를 만듭니다.

[그림 8-4] 리포지토리 목록

Repository name에 원하는 이름을 적고, 하단의 Create repository 버튼을 클릭합니다.

[그림 8-5] Create a new repository 화면

그러면 그림 8-6과 같은 화면이 나오게 됩니다. 앞에서 다운로드 받은 코드를 본인의 GitHub에 업로드할 준비가 된 것입니다.

---

20. GitLab이 아닌 GitHub을 이용하는 것은 GitHub Action을 이용해서 리액트 프로젝트를 배포해보기 위함입니다. 다양한 도구를 학습하기 위한 목적이고, 실제로 프로젝트를 진행할 때는 GitHub, GitLab 중 편한 서비스를 이용하면 됩니다.

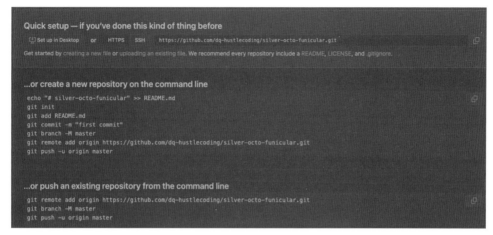

[그림 8-6] new repository 화면

다시 돌아가서 다운로드 받은 zip 파일의 압축을 풀고 VS Code에서 열어줍니다.

VS Code에서 프로젝트를 여는 방법은 다음과 같습니다.

상단의 메뉴바에서 File - Open을 클릭합니다.

[그림 8-7] Open 메뉴 선택

GitHub에서 다운로드 받은 dqflex-example-main.zip 파일의 압축을 풀면 dqflex-example-main 폴더가 나오는데, 이 폴더를 선택한 후 열기 버튼을 클릭합니다.

[그림 8-8] 다운로드 받은 코드 폴더 선택

정상적으로 프로젝트가 열릴 경우 그림 8-9와 같이 DQFLEX-EXAMPLE-MAIN이라는 이름과 함께 파일들이 보이는 것을 확인할 수 있습니다.

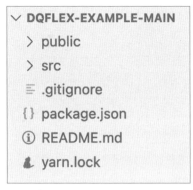

[그림 8-9] 폴더 열기 이후 VS Code 화면

GitHub에 업로드하기 위해서 다음과 같은 명령어를 터미널에서 작성합니다.

```
$ git init
$ git add .
$ git commit -m "first commit"
$ git remote add origin https://github.com/본인GitHub주소/저장소.git
$ git push -u origin main
```

참고로 4번째 줄의 "본인 GitHub 주소/저장소" 부분은 그림 8-6에서 비슷하게 생긴 주소를 찾아 입력하면 됩니다(책과 동일하게 작성하지 말고 본인의 GitHub 주소를 입력하세요).

이렇게 작성하고 난 후 GitHub 화면에서 새로고침을 누릅니다.

아래 그림과 같이 바뀌었다면 성공입니다.

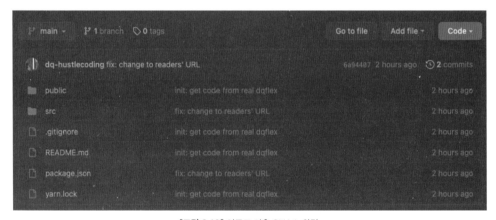

[그림 8-10] 업로드 이후 GitHub 화면

8.2. API 연결하기

하지만 아직 정상적으로 작동하려면 수정해야 할 것들이 남아 있습니다. 이번 절에서는 API를 수정해 보겠습니다. VS Code에서 먼저 constants.js 파일을 찾습니다. src 폴더 안의 API 폴더에 있습니다. 아래와 같은 코드가 한 줄 보입니다. 여기서 YOUR-API-URL이라고 되어 있는 부분을 여러분의 도메 인 주소로 바꿔주면 됩니다.

```js
JS constants.js ✕

src > API > JS constants.js > ...
  1    export const baseUrl = "YOUR-API-URL";
  2    |
```

[그림 8-11] constants.js 파일

도메인 주소는 주소창에 입력했을 때 아래 그림처럼 Hello World 가 출력되는 도메인 주소여야 합니 다. 그래야 API 연결이 정상적으로 될 것입니다.

```
{
    "message": "Hello World"
}
```

[그림 8-12] Hello world 정상 출력 화면

URL을 변경했다면 아래 명령어를 통해 GitHub에 코드를 업데이트합니다.

```
$ git add .
$ git commit -m "change API url"
$ git push
```

이제 다음 절에서 본격적으로 GitHub Pages 설정을 해봅시다.

8.3. GitHub Pages로 배포하기

GitHub의 Settings 메뉴로 들어갑니다(가장 오른쪽에 있는 메뉴입니다)

[그림 8-13] GitHub Settings 메뉴 선택

왼쪽 사이드바에서 Pages라는 메뉴로 들어갑니다.

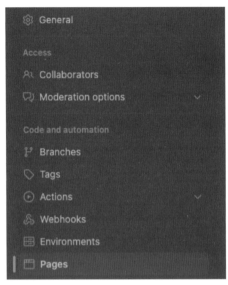

[그림 8-14] Pages 메뉴 선택

GitHub Pages[21]라는 메뉴에서 Branch라는 부분을 보면 현재 None으로 되어있는 것을 확인할 수 있습니다. 이것을 클릭해봅시다.

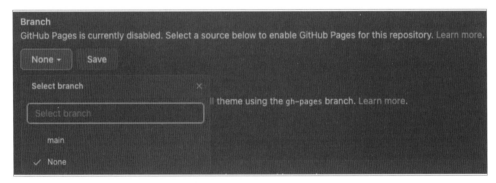

[그림 8-15] GitHub Pages Branch 설정

드롭다운 메뉴에서 main을 선택하고, 오른쪽의 Save 버튼을 클릭합니다.

---

21. Upgrade or make this repository public to enable Pages GitHub Pages is designed to host your personal, organization, or project pages from a GitHub repository. 이 메시지가 나오는 독자의 경우 리포지토리를 public으로 변경해서 다시 시도해보기 바랍니다. private 리포지토리는 유료 결제를 해야 GitHub Pages를 이용할 수 있습니다.

[그림 8-16] main branch 선택

Save 버튼을 클릭하면 GitHub Pages가 활성화됩니다. 이제 GitHub에 해당하는 설정 하나만 추가해주면 GitHub Pages에 여러분의 DQFLEX가 배포됩니다.

다시 코드로 돌아와서 package.json 파일을 눌러봅시다.

```json
{} package.json ×
{} package.json > ...
1    {
2        "name": "dqflex",
3        "version": "1.0.0",
4        "private": true,
5        "homepage": "YOUR-GITHUB-PAGES-URL",
```

[그림 8-17] package.json 파일 모습

5번째 줄에 "homepage"라는 항목이 있는 것을 확인할 수 있습니다. 여러분이 해야 할 일은 오른쪽에 YOUR-GITHUB-PAGES-URL이라는 부분을 여러분의 리포지토리 설정에 해당하는 URL로 바꿔주는 것입니다.

GitHub Pages에서 기본적으로 제공하는 URL은 다음 형식을 따릅니다.

```
http://본인의아이디.github.io/리포지토리이름
```

위 형식에 맞추어 homepage 항목을 업데이트하면 코드는 다음과 같이 됩니다.

```
"homepage": "http://본인의아이디.github.io/리포지도리이름"
```

그럼 이제 이 내용을 GitHub에 반영시켜봅시다.

```
$ git add .
$ git commit -m "change homepage url"
$ git push
```

이제 코드 부분의 준비는 모두 끝났습니다. deploy 명령어를 통해 GitHub Pages에 배포할 차례입니다.

먼저 yarn 명령어로 패키지를 설치합니다.

```
$ yarn
```

처음 설치할 때는 시간이 조금 오래 걸립니다. 패키지 설치가 완료되면 yarn deploy 명령어를 통해 GitHub Pages에 배포합니다.

```
$ yarn deploy
```

아래 그림과 같은 메시지가 나오면 모든 과정이 완료된 것입니다.

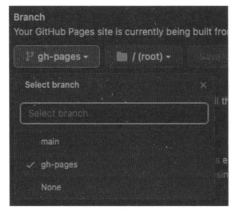

Find out more about deployment here:

  https://cra.link/deployment

$ gh-pages -d build
Published
'+ Done in 10.01s.

[그림 8-18] Publish 완료 시 화면

하지만 아직 작업이 모두 끝난 것은 아닙니다. GitHub Pages 설정에서 gh-pages branch[22]로 설정하고 branch를 바꾸는 과정이 남아있습니다. 이 설정은 yarn deploy 명령어를 한 이후에 설정할 수 있기 때문에, 이제 작업을 해주는 것입니다. 다시 GitHub Pages 설정 화면으로 돌아갑시다.

아래 그림과 같이 Branch 설정을 gh-pages branch로 설정한 후 Save 버튼을 클릭합니다.

Branch
Your GitHub Pages site is currently being built fro

gh-pages ▾   / (root) ▾

Select branch   ×

Select branch

main

✓ gh-pages

None

[그림 8-19] gh-pages branch 선택

그리고 다시 한번 yarn deploy 명령어를 실행합니다.

---

22. gh-pages라는 branch는 yarn deploy를 했을 때 자동으로 추가되었습니다.

```
$ yarn deploy
```

실행한 후 빌드되기를 기다리면 아래와 같은 화면이 나타납니다.

[그림 8-20] 배포 성공 시 화면

수고하셨습니다! DQFLEX 배포가 완료된 것을 확인할 수 있습니다!

9장

스타트업에서 개발자로 살아남기

9장 / 스타트업에서 개발자로 살아남기

지난 날, 스타트업 창업과 초기 멤버로 합류해보면서 개발자가 스타트업 생태계에서 중요한 역할이라는 것을 직접 몸으로 부딪히며 배울 수 있었습니다. 하지만 한국의 스타트업 생태계에서는 좋은 개발자, 좋은 스타트업에 대해 알기가 쉽지 않았습니다. 따라서 이 책을 읽고 개발자로 커리어를 시작하는 분들이나 스타트업 업계에 관심이 생기신 분들에게 제 경험을 나누고자 합니다.

9.1. 좋은 개발자가 되기

좋은 개발자란 무엇일까요? 개발만 잘하면 좋은 개발자라고 할 수 있을까요? 필자는 스타트업 생태계에서 좋은 개발자는 스타트업이 풀고자 하는 문제를 프로그래밍으로 해결할 수 있는 사람이라고 생각합니다. 대부분의 경우에는 코드를 이용해서 문제를 풀겠지만, 빠르게 변하는 스타트업 환경에서 때로는 코드보다 남이 이미 짜놓은 SaaS를 가져다 쓰는 것이 정답일 때도 있었습니다. 따라서 코딩 실력과 알고리즘/설계 실력에 더해 기술적인 트렌드와 문제 해결에 도움을 주는 SaaS 서비스를 사용해봤거나 알고 있어, 팀이 겪는 문제를 빠르게 해결할 수 있는 힌트를 주는 것도 개발자의 역할이라고 생각합니다. 이러한 기술 트렌드를 쫓아가기에 좋은 사이트를 몇 가지 소개합니다.

Geek news (https://news.hada.io/)

개발자에게 흥미로운 뉴스들을 잘 큐레이션하여 제공하는 사이트입니다.
rss 구독, 슬랙 등으로 알림을 받아볼 수도 있습니다.

[그림 9-1] GeekNews 메인 화면

출퇴근길 개발 읽기

수시로 개발 관련 컨텐츠가 올라오는 카카오톡 오픈채팅입니다. 참여 정보
는 이곳에서 확인할 수 있습니다.

- https://github.com/Integerous/goQuality-dev-contents

daily-devblog (http://daily-devblog.com/)

기술 블로그 구독 서비스입니다. 매일 이메일로 블로그 글 모음이 전달되
고, awesome-devblog에서 제공받은 피드를 기준으로 메일을 발송합니다.

Product hunt (https://www.producthunt.com/)

웹 앱, 모바일 앱, 게임, 팟캐스트 등의 테크 관련 새로운 제품을 공유하고
발견할 수 있는 미국 웹 사이트입니다.

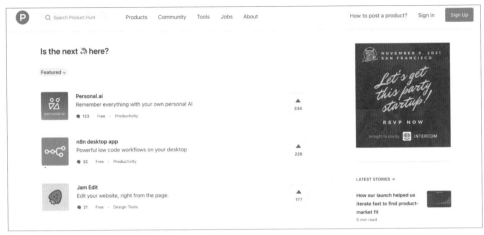

[그림 9-2] Product hunt 메인 화면

Product Hunt는 표를 많이 받은 제품을 기준으로 매일 새롭게 올라오는 제품의 목록을 확인할 수 있습니다. 제품을 올리기 위해서는 제품 제목, URL 및 태그라인을 포함하면 되기 때문에 간단히 제품을 홍보할 수 있습니다. 그리고 댓글 시스템이 있기 때문에 사용자로부터 즉각적인 피드백과 응원을 받을 수도 있습니다. 제품 사용자의 입장에서는 다양하고 새로운 제품을 접할 수 있기 때문에 트렌드를 파악하기 좋습니다. 또한 생산성, 개발자 툴, 디자인 툴, 사진, 모바일 앱 등의 다양한 토픽을 중심으로 제품을 파악하기에도 좋습니다.

또한 웹 사이트, iOS 앱, Mac OS 앱, Android 앱 및 Google Chrome 확장 프로그램으로도 사용할 수 있습니다.

Disquiet (https://disquiet.io/)

Product Hunt의 한국형 버전이라고 생각하면 됩니다. 한국의 창업자들이 많이 모여 있기 때문에 직접 만든 서비스를 평가받거나, 베타테스터를 모집하기에도 좋은 서비스라고 생각합니다.

[그림 9-3] Disquiet 메인 화면

호기심 갖기

일상생활부터 다양한 산업군들까지 디지털 기반으로 전환되고 블록체인, 메타버스 등 새로운 기술이 모두 프로그래밍, 코드를 기반하고 있기 때문에 시간이 갈수록 개발자가 할 수 있는 일, 해야 하는 일이 많아지고 있습니다. 그런데 일의 관점이 아니라 세상을 바라보는 관점에서 개발자는 하나의 '눈'을 더 가질 수 있다고 생각합니다. 단순히 서비스를 사용하는 측면이 아니라 뒷단의 서버가 어떻게 구성되어 있고, 데이터는 어떻게 흐르고 있는지, 개발자로서 사용할 수 있는 개발자용 SDK나 OPEN API는 없는지 등을 볼 수 있게 되는 것이죠. 저도 아직 습관으로 들이진 못했지만 새로운 서비스가 나왔을 때 그 서비스에서 제공하는 OPEN API 같은 것들을 찾아보는 것은 재미있기도 하고, 새로운 기회가 찾아오기도 하기 때문에 항상 호기심을 갖는 자세를 갖는 것이 좋습니다.

퍼스널 브랜딩

개발자도 퍼스널 브랜딩이 점점 더 중요해지고 있습니다. 이력서가 가장 기초적인 형태의 퍼스널 브랜딩이라고 한다면 요즘에는 퍼스널 브랜딩을 할 수 있는 많은 온라인 서비스가 있기 때문에, 적절한 채널에 본인의 온라인 공간을 만들어 두는 것은 여러모로 좋은 개발자가 될 가능성을 높여줍니다. 기술과 관련한 개인 블로그를 운영하는 것이 한 가시 예시가 될 수 있습니다. 학습한 내용, 기술적으로 얻은 성과, 개선한 점 등을 정리하면 그 자체로 좋은 이력서가 됩니다. 심지어 이력서보다 개인 블로그만 보고 채용을 결정하는 경우도 있습니다. 또한 GitHub, GitLab 등을 포트폴리오처럼 관리하는 것도 하나의 방법입니다. 특히 대기업에 다니는 개발자 중 보안 이슈 등으로 개인 GitHub를 운영할 수 없다고 하는 케이스를 종종 보게 되는데, 토이 프로젝트나 코딩 테스트 연습 등을 꾸준히 GitHub에 업로드함으로써 이력서 이외에 실력을 증명할 수 있는 수단을 만들어낼 수 있습니다. 이러한 블로그나 GitHub는 짧은 시간 안에 만들어낼 수 없기 때문에 성실성에 대한 신뢰도가 상승하고, 좋은 개발자를 찾는 대표로부터 좋은 제안을 받을 수도 있기 때문에 좋은 직장으로 이직하고자 한다면 오늘부터 시작하기를 권장합니다.

꾸준히 링크드인(LinkedIn)을 관리하는 것도 좋은 방법입니다. 링크드인은 커리어 성장을 하고자 하는 사람들을 위한 SNS 서비스인데, 외국에서는 필수적인 SNS입니다. 프로필에 회사 이름만 적는 것이 아니라 프로젝트별로 어떤 작업을 했고, 어떤 성과를 냈는지 기록하는 습관을 들이면 따로 이력서를 준비하지 않아도 좋은 이력 관리가 될 것입니다.

이력서를 풍성하게 만드는 방법으로 토이 프로젝트 개발 및 운영하기, 오픈소스 활동하기, 커뮤니티 활동하기 등이 있는데, 이 또한 좋은 개발자가 되는 방법이라고 생각합니다. 이 책을 따라 DQFLEX 사이트를 만들었다면 토이 프로젝트 한 개를 만든 것이고, 기능을 몇 가지만 추가하면 실제 운영도 해볼 수 있으리라 생각합니다.

오픈소스 활동이나 커뮤니티 활동도 온라인상에 기록이 다 남기 때문에, 오픈소스 커밋 기록, 온라인 소모임에서 발표했던 기록, 발표 자료 등을 잘 보관해 둔다면 좋은 이력이 될 것입니다.

마지막으로 추천하는 것은 팀 프로젝트에 의존하기보단 혼자서 많은 개발을 해보라는 것입니다. 개발자로 전직하고자 하는 멘티들의 이야기를 듣다 보면 프론트엔드/백엔드를 나누어서 프로젝트 팀원을 구하고 그것을 포트폴리오로 삼는 경우가 많은데, 일정 조율이나 업무 분배 등 개발 외적인 부분으로 시간도 많이 뺏기게 되고, 결과가 나오기까지 너무 오랜 시간이 걸리는 경우도 많습니다. 그리고 팀 프로젝트의 경우엔 이력서에 적었을 때 기여도를 증명하기도 어렵기 때문에, 만약 혼자서 다 한 경우에도 노력에 비해 낮은 평가를 받을 가능성도 있습니다. 이 책이 혼자 개발하는 방법에 대한 지침서가 되었다면 이 책은 그 목적을 다 한 것입니다.

9.2. 좋은 스타트업을 찾는 방법

걸러야 할 스타트업

근래 들어서 한국 스타트업 생태계가 폭발적인 성장세를 보여주고 있고, 성공한 창업가들이 투자자로서 후배 창업가들에게 좋은 영향을 주고 있어서 예전보다는 많이 좋아졌지만 그래도 걸러야 하는 스타트업은 존재합니다.

첫 번째는 일을 위한 일을 해야 하는 스타트업입니다. 일을 위한 일이란 보고 문서 만들기, 결재 문서 만들기, 개인 업무에 대한 성과 보고 등 제품을 만드는 일과 관련이 없는 일을 해야만 한다고 하는 스타트업은 피해야 합니다. 물론 면접만 보고 이러한 일을 하는지 안 하는지 알아보는 것은 어렵지만, 이력서 양식을 맞춰서 내라고 하거나, 면접 때 입어야 할 복장을 규정한다면 의심을 해보는 것이 좋습니다.

두 번째는 기술적/개인적 성장이 불가능한 스타트업입니다. 연봉이나 복지 등만 보고 이직을 결심하는 경우도 있는데, 개발자는 직업 특성상 끊임없이 공부하고 새로운 기술을 익혀야 살아남을 수 있는 직업이기 때문에, 높은 연봉을 받고 똑같은 일만 한다면 기술이 도태되는 시점에는 어디에도 갈 수 없는 존재가 될 가능성이 높습니다. 성장이 가능한 스타트업을 알 수 있는 방법은 본인에게 주어지는 일과 추가적으로 해볼 수 있는 일을 물어보면 알 수 있습니다. 예를 들어, 해야 하는 일이 서버 개발인데 데이터 팀에 기술 지원도 해야 한다고 하면, 기존에 해야 하는 업무인 서버 개발 이외에 데이터 도메인에 관련된 서버 기술도 익힐 기회가 생깁니다. 이렇게 곁가지로 익힌 기술은 다음 이직 시에 엄청난 도움이 되어 돌아옵니다. 따라서 개인적으로 성장이 가능한 스타트업을 찾고, 그 스타트업에서 제시받은 조건이 조금 부족하더라도 성장이 가능한 스타트업에서 일하는 것을 추천합니다.

마지막으로 대표의 인성이 검증되지 않은 스타트업입니다. 스타트업은 특성상 구성원이 몇 백명이 되기 전까지 대표의 성향이 조직에 그대로 반영되기 쉽습니다. 대표가 '스타트업 대표병'에 걸려 일반 직원과 자신을 다르게 생각하거나, 퇴사하는 직원이 유의미하게 많거나, 익명 게시판에 대표 및 운영진에 대한 안 좋은 소문이 많다면 한번쯤 의심을 해봐야 합니다. 대표와 단 둘이 시작하는 경우가 아니라면 같이 일하는 사람, 협력사가 분명 존재하기 마련입니다. 전에 일했던 사람, 대표를 건너 건너 아는 사람을 찾아서 대표의 인성을 검증한 후에 스타트업에 합류하는 것을 권합니다.

메타 인지 갖추기 (본인의 시장 가치를 파악하기)

이직할 때 하나의 선택지만 가지고 이직을 결정하면 나중에 후회할 가능성이 높습니다. 한 회사에서만 합격 통보를 받아서 어쩔 수 없이 이직을 하는 경우도 있겠지만, 시간을 두고 9.1절의 방법을 실천한다면 2개 이상의 회사에 합격하여 자신이 회사를 골라서 갈 수 있을 것이라 생각합니다.

자기 자신에 대한 메타 인지를 갖추는 방법은 주변 개발자나 온라인 커뮤니티 등을 통해 습득하는 방법과, 이직을 시도하는 과정에서 얻는 방법 두 가지가 있습니다.

먼저, 온라인 커뮤니티에서 리액트를 사용하는 2년차 프론트엔드 엔지니어의 평균 연봉이 0,000만 원이라고 한다면 "아, 대략 평균은 이정도구"이라고 생각해볼 수 있습니다. 하지만 이는 평균일 뿐 자기 자신에 대한 시장 가치는 이직을 시도해서 다양한 표본을 얻어야만 알 수 있습니다. 3곳에서 오퍼를 받았는데 모두 동일한 연봉이라면, 높은 확률로 본인의 시장가치가 그 정도의 연봉이라는 것을 알 수 있습니다. 따라서, 꼭 이직을 하고 싶은 경우가 아니라고 해도 좋은 회사가 있다면 이력서를 넣고 본인의 시장가치를 알아보는 것도 좋은 공부가 됩니다(실제로 이직할 마음이 없는데도 1년에 한 번씩은 다른 회사에 이력서를 넣는 개발자도 있습니다).

2개 이상의 오퍼를 받았다면 WADM을 이용해 의사 결정하기

WADM이란, Weighted Average Decision Matrix의 준말로 의사결정을 도와주는 표라고 생각하면 됩니다. 가로축에 연봉, 통근 시간, 현금성 복지, 기술적 성장, 좋은 팀원 등 본인이 직장을 선택할 때 중요하게 생각하는 가치들을 적고, 세로축에는 회사들의 이름을 적습니다.

그럼 아래 표와 같은 형태가 되는데, 각 가치에 본인이 중요하게 생각하는 정도를 숫자로 표시합니다. 크게 중요하진 않을 경우 1, 중간 정도는 2, 매우 중요할 경우 3을 각 가로축에 표시해줍니다.

항목	연봉	워라밸	성장 가능성	팀원 구성	총점
가중치	3	1	2	3	
C사					
L사					

[표 9-1] WADM 예시 - 가중치 적기

이제 표 안의 값에는 1~10의 숫자를 느끼는 대로 표시해줍니다.

그러면 각 회사에 대한 총점을 계산할 수 있는데, 각 가로축에 표시된 숫자와 아래 평가 점수를 곱해서 모두 더해주면 됩니다.

항목	연봉	워라밸	성장 가능성	팀원 구성	총점
가중치	3	1	2	3	
C사	8	8	5	3	51
L사	7	4	9	10	73

[표 9-2] WADM 예시 - 회사별 총점 계산하기

이 총점을 따라 의사결정을 한다면 단순히 감으로 회사를 선택하기 보다는 각 회사의 장단점을 찬찬히 비교할 수 있기 때문에 섣부른 선택을 할 확률을 줄이고 현명한 판단을 내릴 수 있습니다. 필자는 선택의 순간이 올 때마다 이러한 표를 그려서 결정하곤 합니다. 구글 스프레드시트로 간단하게 샘플을 만들어 봤습니다. 필요한 분들은 아래 링크로 접속하여 '사본 만들기'로 드라이브에 복사해서 사용하거나, 엑셀 파일로 다운로드 후 사용해도 됩니다.

- https://docs.google.com/spreadsheets/d/1YlAz7jRKLj9yYBhYTJ-6pZF6_6g8ndh1Dfcic0-SniQ/edit?usp=sharing

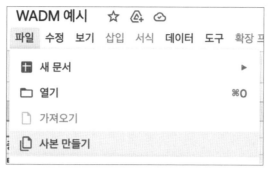

[그림 9-4] 본인의 구글 드라이브로 옮겨서 사용하기

9.3. 마무리

이 책을 통해 서비스를 개발하고 배포하는 과정을 겪어보니 어떤가요? 혼자서 새로운 서비스를 만드는 것에 대한 두려움이 조금 사라졌다면 그것만으로도 이 책의 가치는 충분합니다. 이 책에서 사용한 기술들은 트렌디한 기술이고, 관련 자료가 온라인상에 풍부하기 때문에 DQFLEX에서 멈추지 말고 본인만의 서비스를 만들어 보세요. 그리고 서비스를 만들었다면 공유하세요. 훌륭한 개발자 커뮤니티가 많기 때문에 좋은 조언들을 얻을 수 있을 것입니다. 어쩌면 새로운 기회, 좋은 사람들을 만날 수도 있을 것입니다.

여러분이 개발자 세계에서 흥미로운 여행을 하기를 기원합니다.

끝까지 읽어주셔서 감사합니다.

API 서버를 배포하는 또 다른 방법 (Heroku)

API 서버를 배포하는 또 다른 방법 (Heroku)

Heroku 소개

Heroku는 PaaS(Platform as a Service)로 앱 호스팅, DB 호스팅 등을 지원하는 서비스입니다. 여러 가지 대안들이 나오고 있긴 하지만 2022년 현재 호스팅 PaaS 중 가장 높은 점유율을 가지고 있는 서비스가 Heroku입니다. 실무에서도 Heroku로 서비스가 가능하기는 하지만, 추후 서비스가 커진다면 AWS, GCP 등의 클라우드 서비스를 활용하는 것이 좋습니다.

그럼에도 불구하고 이 책에서 Heroku를 소개하는 이유는 클라우드 서비스 이외에 이런 서비스를 활용해서 쉽게 배포하는 방법도 있다는 것을 알려드리기 위함입니다.

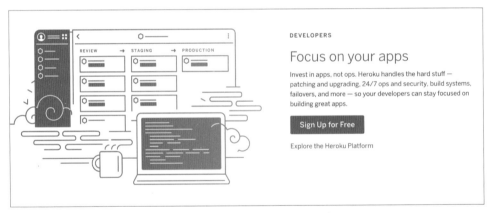

[그림 A-1] Heroku 사이트(www.heroku.com)

Heroku 회원가입

먼저 회원가입을 진행해보겠습니다. Heroku 웹 사이트에 접속합니다(https://www.heroku.com/). 이미 계정이 있다면 오른쪽 상단의 Log in 버튼을, 계정이 없다면 Sign up 버튼을 클릭해서 회원가입을 진행합니다.

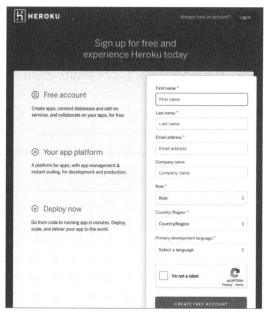

[그림 A-2] Sign up 화면

정보를 입력한 후 Create Free Account 버튼을 클릭해서 가입을 진행합니다. 본인 인증 이메일에 포함된 링크를 클릭하면 비밀번호를 설정하는 화면이 나타납니다. 비밀번호를 설정하고 Set Password and Log in 버튼을 누르면 회원가입이 완료됩니다.

[그림 A-3] Set Password 화면

회원가입을 완료하면 아래 화면을 볼 수 있습니다. 이 화면에서 CLICK HERE TO PROCEED 버튼을 누르면 이용약관 동의 화면이 나옵니다.

[그림 A-4] 회원가입 완료 화면

아래와 같은 화면이 나온다면 Accept 버튼을 눌러 약관에 동의합니다.

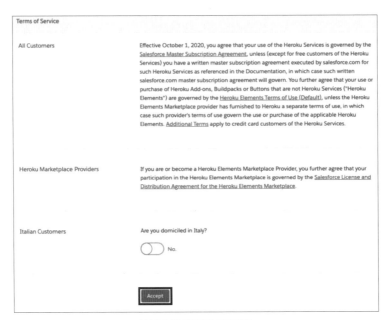

[그림 A-5] 이용약관 동의 화면

이제 본격적으로 Heroku에 내 앱을 만들 수 있는 화면이 나타납니다. 우리는 코드를 배포할 앱을 만들 것이기 때문에 왼쪽의 Create new app 버튼을 클릭합니다.

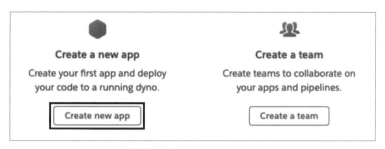

[그림 A-6] Create new app 선택

아래와 같이 App name 부분에 원하는 이름을 넣고, 하단의 Create app 버튼을 클릭합니다. 지역은 유럽과 미국을 선택할 수 있게 되어있는데, 어느 곳을 선택하든 큰 상관은 없습니다.

[그림 A-7] Create app 세부 화면

앱이 생성되며 상세 화면이 보입니다. 우리는 GitHub를 이용해서 배포할 것이기 때문에 Deployment method 부분에서 GitHub을 클릭합니다. 그리고 하단의 Connect to GitHub 버튼을 클릭합니다.

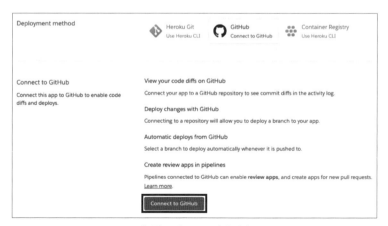

[그림 A-8] deploy 상세 화면

GitHub에 로그인하는 창이 나오고, 로그인하면 아래 그림과 같은 화면이 나타납니다. 하단의
Authorize heroku 버튼을 클릭합니다.

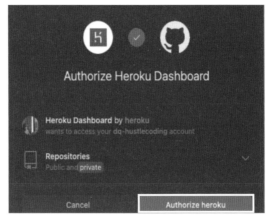

[그림 A-9] GitHub authorize 팝업

로그인이 완료되면 다음과 같이 GitHub 리포지토리를 검색할 수 있는 창이 나옵니다. 앞에서 작업했
던 dqflex-api 리포지토리를 검색한 후에 오른쪽의 Connect 버튼을 클릭합니다.

[그림 A-10] 리포지토리 검색 화면

[그림 A-11] 리포지토리 연결 화면

아래 그림과 같이 'Connected to ~ 리포지토리'라는 화면이 보인다면 성공입니다.

[그림 A-12] 리포지토리 연결 이후 화면

리포지토리를 연결하고 나면 기존에 보이지 않았던 Automatic deploys라는 섹션과 Manual deploy
라는 섹션이 보이는데, 이 중에 Automatic deploys의 하단에 Enable Automatic Deploys라는 버튼
을 클릭해서 배포를 활성화해줍니다.

[그림 A-13] Automatic deploys 섹션

이렇게 하면 Heroku에 API 서버를 배포할 준비가 완료되었습니다.

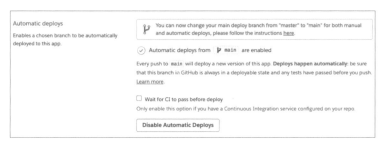

[그림 A-14] Enable Automatic Deploys 활성화 시 화면

API 서버 배포하기

Heroku에 서버를 배포하기 위해서는 몇 가지 설정이 필요합니다. 먼저 Heroku에서 API 서버를 어떻게 구동시킬지를 설명하는 파일이 필요합니다. dqflex-api 리포지토리에서 Procfile이라는 파일을 추가합니다(확장자가 없는 것에 주의합니다).

```
web: sh -c 'cd app && uvicorn main:app --host=0.0.0.0 --port=${PORT}'
```

위와 같은 내용으로 Procfile을 추가합니다. 그리고 dqflex-api 리포지토리에 git push를 합니다.

```
$ git add .
$ git commit -m "feat: add Procfile for heroku deploy"
$ git push origin main
```

이제 Heroku 화면에서 결과를 확인해봅시다. Activity 탭을 누르면 현재 진행되고 있는 log가 보입니다.

[그림 A-15] Heroku의 Activity 탭 선택

Build succeeded라는 메시지가 보이면 배포가 완료된 것입니다.

[그림 A-16] Heroku 빌드 성공 시 화면

오른쪽 상단의 Open app 버튼을 눌러서 배포가 제대로 됐는지 확인이 가능합니다.

[그림 A-17] 오른쪽 상단의 Open app 버튼 선택

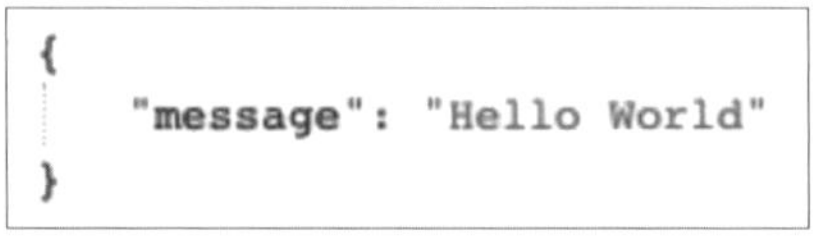

```
{
    "message": "Hello World"
}
```

[그림 A-18] 배포 성공 시 화면

배포된 URL은 처음에 정한 Heroku의 앱 이름이 포함되어 아래와 같은 형태로 나오게 될 것입니다.

- https://{appname}.herokuapp.com

수고하셨습니다! 이렇게 Heroku를 통해 백엔드 API 서버를 배포하는 방법을 알아보았습니다.
Heroku 백엔드를 사용하고 싶다면 프론트엔드 쪽에서 Heroku URL을 사용하도록 바꾸는 것도 잊지
않아야 합니다.

MEMO

부록
B

무료로
프론트엔드를
배포하는
또 다른 방법
(Cloudflare)

무료로 프론트엔드를 배포하는 또 다른 방법 (Cloudflare)

8장에서 소개한 GitHub Pages도 무료로 프론트엔드 애플리케이션을 배포할 수 있는 훌륭한 방법이지만 최근 들어 강력한 경쟁자로 나타난 Cloudflare를 소개하려고 합니다.

Cloudflare 소개

GitHub Pages와 동일하게 프론트엔드 애플리케이션을 배포할 수 있는 도구이자 호스팅 사이트입니다. CDN으로 유명한 회사이지만 2021년부터 다양한 서비스로 확장하며 많은 개발자들의 선택을 받고 있습니다.

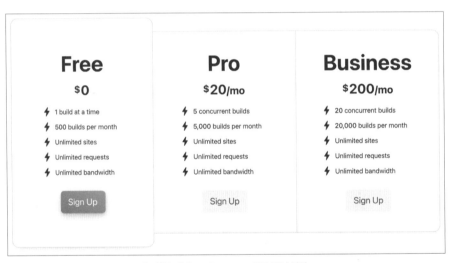

[그림 B-1] Cloudflare pages 요금 구성 화면

무엇보다 Free 플랜의 구성이 너무 좋기 때문에(무제한 사이트, 무제한 요청, 무제한 대역폭 등) 필자의 경우에도 기존에 사용하던 Netlify 등의 서비스에서 Cloudflare로 모든 서비스를 이동했습니다. 그럼 본격적으로 DQFLEX를 Cloudflare에 합니다.

Cloudflare 계정 준비

Cloudflare도 회원가입부터 해봅시다(https://dash.cloudflare.com/sign-up).

이메일과 비밀번호를 입력하고 회원가입하면 됩니다.

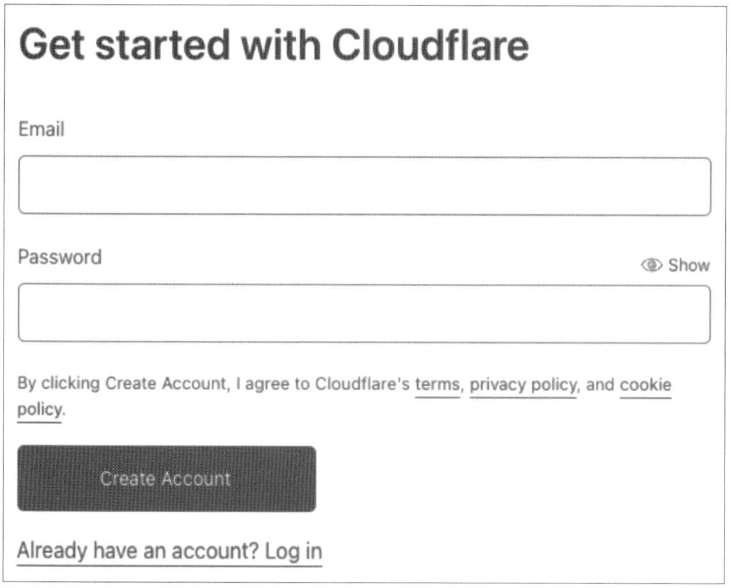

Get started with Cloudflare
Email
Password
Show
By clicking Create Account, I agree to Cloudflare's terms, privacy policy, and cookie policy.
Create Account
Already have an account? Log in

[그림 B-2] Cloudflare 회원가입 화면

프론트엔드 애플리케이션 배포하기

로그인한 후에 왼쪽의 사이드바에서 Pages를 선택합니다.

Websites
Domain Registration
Analytics
Pages

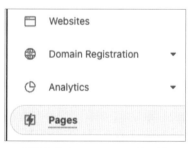

[그림 B-3] Cloudflare Pages 메뉴 선택

기존에 Cloudflare Pages에 GitHub을 연결한 적이 있다면 아래 그림에서 오른쪽의 Create a project 버튼을 클릭합니다.

Pages
Deploy front-end applications in record time.
Documentation
Search projects
Search
Create a project

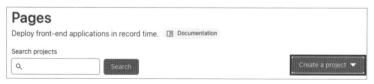

[그림 B-4] Pages 상세 화면

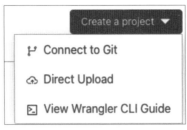

[그림 B-5] Create a project 드롭다운 메뉴 선택

기존에 GitHub을 연결하지 않았다면 아래 그림에서 Connect GitHub 버튼을 클릭해서 GitHub을 연결합니다.

[그림 B-6] Git 연결 이전 화면

GitHub 연결이 되었다면 리포지토리 목록이 보일 것입니다. 우리는 DQFLEX 리포지토리를 연결해야 하므로 리포지토리 목록에서 dqflex를 선택하고 Begin setup 버튼을 클릭합니다.

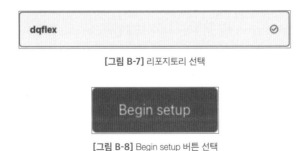

[그림 B-7] 리포지토리 선택

[그림 B-8] Begin setup 버튼 선택

그럼 Set up builds and deployments라는 화면으로 넘어가게 됩니다. 위에 있는 항목부터 차례로 알아봅시다. 가장 상단에 있는 Project name은 중요합니다. 왜냐하면 배포되는 URL에 Project name이들어가기 때문입니다. Project name은 dqflex.pages.dev로 설정하겠습니다(Cloudflare의 또 다른 장점이 바로 URL입니다. 무료 URL 같지 않게 정말 깔끔합니다).

[그림 B-9] Project name 입력

아래 그림은 어떤 브랜치에서 배포할지를 설정하는 부분입니다. master 혹은 main으로 선택하면 됩니다.

[그림 B-10] Production branch 선택

Build settings의 경우에는 설정하지 않아도 배포는 가능하지만 설정을 편하게 만들어주므로 세팅해주면 좋습니다. DQFLEX의 경우 Create React App으로 만든 애플리케이션이므로 Framework preset의 드롭다운 메뉴에서 Create React App을 선택합니다.

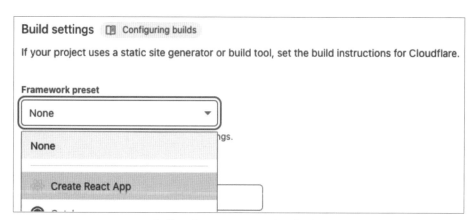

[그림 B-11] Build settings 드롭다운 메뉴 선택

Build command의 경우, 우리는 npm을 사용하지 않고 yarn을 사용했으므로 yarn build라고 수정해줍니다.

[그림 B-12] Build command 입력

그리고 오른쪽 하단의 Save and Deploy 버튼을 클릭합니다. 이제 모든 설정이 끝났고 Cloudflare가 알아서 배포를 시작할 것입니다.

[그림 B-13] Save and Deploy 버튼 선택

배포가 시작되면 아래 그림과 같은 상태창을 확인할 수 있습니다. 배포가 완료된 후에 dqflex.pages.dev로 접속하면 하얀 화면만 보일 것입니다. 이는 GitHub Pages와 코드가 충돌이 되기 때문인데, 한 번 DQFLEX 리포지토리의 package.json 파일을 살펴봅시다.

[그림 B-14] Cloudflare 배포 시 화면 예시

homepage라고 지정해주었던 코드는 github pages를 위해서 작성했던 코드이므로, 지운 후에 git push 해줍니다. 그러면 Cloudflare에서 자동으로 배포가 시작됩니다.

[그림 B-15] Cloudflare 배포 상태 화면

dqflex.pages.dev를 들어가보면 8장에서 개발한 DQFLEX가 제대로 보이는 것을 확인할 수 있습니다.

수고하셨습니다! 이렇게 Cloudflare를 통해 무료로 프론트엔드 애플리케이션을 배포했습니다.

찾아보기

나 혼자 만든다! 영화 추천 웹 서비스로 배우는 풀스택

파이썬, 리액트, 깃허브 액션에서 스타트업 개발자 성장 노하우까지

출간일	2022년 12월 16일 ㅣ 1판 1쇄
지은이	최규민
펴낸이	김범준
기획	김용기, 오소람
책임편집	임민정
교정교열	한혜인
편집디자인	나은경
표지디자인	조윤진

발행처	비제이퍼블릭		
출판신고	2009년 05월 01일 제300-2009-38호		
주소	서울시 중구 청계천로 100 시그니처타워 서관 10층 1060호		
주문/문의	02-739-0739	**팩스**	02-6442-0739
홈페이지	http://bjpublic.co.kr	**이메일**	bjpublic@bjpublic.co.kr

가 격	17,000원
ISBN	979-11-6592-178-1(93000)

한국어판 © 2022 비제이퍼블릭